硬舉教科書

HOW TO MASTER THE KING OF ALL STRENGTH EXERCISES

DEADLIFT
DYNAMITE

精通肌力訓練之王的
知識、方法和奧義

安迪‧波頓 Andy Bolton
帕維爾‧塔索林 Pavel Tsatsouline

譯者 威治 ｜ 審定 王啟安

目次

第一部：要怎麼舉重

第二部：要怎麼拉更重

PAVEL TSATSOULINE

編輯說明：本書中左右兩邊外側的🅐紅線，代表該部分由安迪・波頓撰寫，🅟黑線則為帕維爾・塔索林所撰。

準備好徹底改變
你對硬舉的理解和實踐！

Jon Engum —— StrongFirst 大師級教官暨台灣總教官、跆拳道大師

能有這個機會為安迪・波頓和帕維爾・塔索林的大作《硬舉教科書》推薦，我感到非常興奮。作為 StrongFirst 的大師級教官、8 段跆拳道大師、國際肌力體能教育者和健身作家，我可以自信地說，他們兩位在這個領域的專業知識不但空前未有，更是經得起時間考驗的寶貴資源。

無論是任何致力於精通硬舉的訓練者，還是希望將自己的肌力訓練推向新高度的人，《硬舉教科書》絕對會顛覆你對傳統訓練方式的認識。本書中，除了你不但能夠吸收到波頓征戰世界大小賽事的珍貴實戰經驗，以及一路走來的訓練精髓，你還能充分學習到帕維爾融合生物力學、肌力訓練原則和訓練方法學等內涵的精闢指導。

在此我要為各位指出這本書的一個了不起的特色，就是你所看到這些簡單到理所當然的陳述和用語，背後其實都有著相當重要且複雜的原理和概念。這個特色對所有的訓練者都非常受用。如果你是初學者，你對訓練的掌握度和領悟力就會因為這些簡單明確的指導而突飛猛進。如果你是經驗豐富的訓練者甚至是菁英級運動員，你會讀出本書中蘊含在步驟方法背後的原理原則，找到自己繼續往上一層樓的安全之道。

此外，波頓和帕維爾在本書中對細節的關注和掌握，也非常令人驚艷。他們各自從自己精湛的專業角度，毫不保留地為我們深入探討了正確的動作形式、呼吸技巧、握力變化，以及設計實用的訓練計畫。

在這兩位史詩級大師的指導之下，不僅能幫助你探索自己肌力潛能的極限，同時還能將受傷的風險降到最低。

而真正讓本書脫穎而出的精華內涵，不只有波頓的第一手冠軍技術分享，還有帕維爾獨一無二的肌力訓練方式。帕維爾強調保持肌肉張力、放鬆和意念專注等等，都是開創性的技術，只要將這些元素融入你的練習之中，你將會開啟隱藏的肌力潛能，實現你從未想像過的豐碩成果。

本書的寫作風格也十分引人入勝，鼓舞人心。兩位作者在書中分享的經歷和珍珠般的智慧，深具感染力，激勵和點燃讀者對訓練的熱情。讀完這本書，你會發現自己迫不及待期待著下一次的訓練。

總結以上，我全心全意推薦這本《硬舉教科書》。這是一本全面、經過深入研究驗證且具實用價值的訓練指南，這一套訓練法會徹底改變你對硬舉的理解和實踐。準備見證你在肌力、爆發力和整體運動能力上的飛躍提升，擁抱這些頁面裡的智慧，踏上成為自己最強版本的旅程吧。

你這輩子最重要的訓練

 這本書專注於硬舉，是由於硬舉是個超讚的動作。

然而，還有其他超讚的動作：

背蹲舉
臥推
軍事肩推（Military Press）
奧林匹克舉重
引體向上

那麼，為什麼不是這些動作？

背蹲舉需要很多技巧，且為了訓練安全，需要一個深蹲架，或一名非常棒的保護員。

臥推和軍事肩推無法給予下肢足夠的訓練……而所有對得起他們吃下的乳清蛋白粉的力量型運動員們都知道，所有運動的基礎在於擁有強壯的下肢。

我希望運動員能做 225 公斤（500 磅）的背蹲舉，還是 180 公斤（400 磅）的臥推呢？我一定會選蹲比較重的那個，非常感謝。

奧林匹克舉重棒透了，但實在很難學，也沒辦法做到跟硬舉一樣重。

最後，引體向上確實能練背，不過硬舉也能練背，而且硬舉也能建構腿部與臀部。講到練屁股，當然是硬舉會贏。

安迪與帕維爾在波士頓一場「肌力技術」（Skill of Strength）研討會上教授動作技巧。

硬舉能夠從頭到腳建構起整個身體的能力，且相對好學、需要的設備最少，還不需要保護員。

喔，它還能爆練你的握力。

握力在許多運動中都相當重要，像是柔道、角力、巴西柔術、網球、高爾夫、划船等等。我是可以繼續列舉下去，不過你應該知道我要說什麼了。

硬舉就是老大。

其他動作無法跟硬舉一樣能同時建構並測試最大肌力。

2011 年中，我很幸運地跟帕維爾成了朋友，也很快就發覺到，我們擁有共同的興趣：舉重。

帕維爾和我就各自專業領域和獨特洞察力所提出的看法，讓我們成了合寫一本書的完美搭檔。

我曾參加最高水準的健力賽事，並拿下勝利……還是很多很多次。我破過數十次紀錄，也篤信自己的訓練法是全世界肌力圈中數一數二的有效。

一週訓練 3 次，我練得超棒，並成了史上最會硬舉的人。同時，我那些對手一週練到 14 次，卻沒有我厲害。我們身處的世界無比繁忙，有效率者統治一切。

帕維爾引進他優異的概念，他熟知我和其他 99.9％的舉重選手與教練不清楚的伸展、活動度與核心肌力概念。他長期訓練包括俄羅斯和美國在內的一些世界頂級運動員，而他自己本身也是名技藝嫻熟的運動員。

我們會端出許多真功夫。

總之，如果你希望有兩個人按部就班教導你要怎麼建構大重量硬舉、增肌、增加肌力、速度和爆發力，我們差不多就是最有資格的人。

P 這本書，其實可以拆成兩本。

第一部〈要怎麼舉重〉，會教導新手如何在避開一般誤區和年復一年沮喪的訓練下，從一開始就正確地準備舉重訓練，並在第一年就收到不凡的訓練成果。這個章節也是寫給那些找朋友、看網路影片「學習」，但一直搞錯方法的人。還有那些準備要訓練冠軍選手的教練。

《硬舉教科書》是為你而寫的，無論你的目標是成為優異的健力選手，或是想要變強壯或長肌肉。世上有許多建構肌肉與肌力的方法，有些有效、有些聊勝於無，但大部分不值一提。

我和安迪會一起寫這本書，是由於他經過紀錄佐證的硬舉技巧、訓練方法和我的系統完美合拍。舉例來說，他的硬舉和 StrongFirst 的壺鈴擺盪概念可說是極為相似！

多年前我在西岸槓鈴俱樂部 (Westside Barbell Club) 的研討會授課時，路易‧西蒙斯 (Louie Simmons) 統整了我的教學法，他說：「你是在把我這邊最強壯的傢伙們的自然動作，以逆向工程的方式重現。」我的目標是在短時間內讓你精通諸如安迪那多年來累積的舉重技巧，同時避開選手因為不正確的訓練內容，在過程中造成的許多健康問題。

我也會教導你最先進的訓練相關柔軟度與活動度動作，許多舉重的菁英選手都對這些動作讚不絕口。我們也看到路易‧西蒙斯一採用 StrongFirst 的髖屈肌伸展動作後，硬舉重量就多了 22.5 公斤（50 磅）。這些訓練動作的第二目標是健康與長壽，但主要目標是肌力。

安迪‧波頓跟其他優秀的選手一樣，深知要舉起破紀錄的重量，得讓身體生成最大張力的重要性。這是我另一項專業。根據數據紀錄，StrongFirst 平板式相較於傳統平板式，腹部能生成 200-400％的張力。之後的章節，你會讀到詳細的新穎腹部與張力訓練內容。

製作訓練課表跟做菜很像，廚房內最好只有一名主廚。這裡我會讓安迪大廚大顯身手，他的得意料理是以艾德‧科恩（Ed Coan）、湯尼‧加拉格爾（Tony Gallagher）和柯克‧卡沃斯基（Kirk Karwoski）的經典模版，再加上他的獨家配方。

第二部〈要怎麼拉更重〉，目標對象是經驗豐富的選手。我們會鉅細靡遺的說明世界級硬舉技巧，並傳授你最新穎的輔助動作。

不能否認的是，早已有人證實健力運動是讓人變大隻與強壯最有效率的方式。我們會在給予背蹲舉與臥推應有的尊重下，把主要內容與全書重點放在硬舉上。

願你的硬舉強而有力！（Deadlift power to you!）

第一部

要怎麼舉重
HOW TO LIFT

P 前陣子我在牙醫診間等著看醫生時，隨意翻閱了幾本市面上流行的健身雜誌，就跟看那些過動高中生拍的短片一樣，讓我頭很痛。充滿了顏色模糊不清、推特式那種不知所云的東西，以及愚蠢至極的訓練照片，SFG 教官馬克·瑞福凱德 (Mark Reifkind) 形容這些東西就是「大量的隨機動作」。如果你一直以來都在做這些東西，幫幫忙把這本書送給更適合的人。

沉重的鐵片不會特別寬容不熟練的人。這也是為什麼我和安迪一開始就會灌輸你專業動作細節的原因。我們會有耐心地慢慢推進，且鉅細靡遺地描述技巧細節。

要怎麼硬舉

以下是精通安迪的 454 公斤（1,000 磅）硬舉技巧動作細節。

髖鉸鏈

安迪的硬舉是採用髖鉸鏈啟動，之後才彎曲膝蓋。StrongFirst 肌力訓練稱這樣為「硬式拉」(hard style pull)。你會先從髖鉸鏈開始學習硬舉，這個動作看起來會有點像早安運動或是羅馬尼亞式硬舉。

做硬舉和相關訓練的時候，都要打赤足，或穿著平底、薄底的鞋子，這跟訓練安全和表現息息相關。

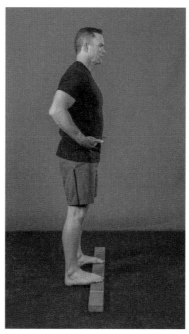

把腳趾和蹠丘（腳趾和足弓之間的球狀部位）踩在 2 英寸高 4 英寸寬（約 5 公分高 10 公分寬）的長木條或類似的物體上。前 StrongFirst 認證教官暨北美洲大力士 (Strongman) 冠軍傑夫・歐康納 (Jeff O'Connor) 的這個小技巧會教你讓脛部保持垂直。雙腳站寬比肩膀稍微窄些，趾尖朝向正前方。

將雙手手刀壓入骨盆與大腿交會所形成的皺摺處。直視前方，雙手手刀往你的「髖鉸鏈」向後用力推（這是我已故的學生，舞蹈家 Kathy Foss Bakkum 提供的訣竅）。穩定地用「空手道劈」(karate chop) 切進你的髖鉸鏈，同時把臀部往後推。慢慢推，越來越往後，是往後，不是往下。

讓膝蓋稍微自然地屈曲，不要鎖死。

將重心移至雙腳腳跟，大腿後側肌群會有伸展的感覺。找個人從你側面觀察你的動作，你的下背應該維持些許的自然拱背。

往後推到極限，接著繃緊臀部來站直，想像自己用臀部把核桃夾碎。

做 5-10 下這個髖鉸鏈伸展，緩慢但強而有力的移動。將骨盆往後推，看起來像是要去碰觸一道很遠的牆。隨著組數與反覆次數增加，希望你的髖鉸鏈能夠越推越後面。

不要閉氣。

重複執行這個訓練，但這次在胸骨前抱個槓片。女性可使用 10 磅（4.5 公斤）槓片，男性可使用 25 磅（11.3 公斤），巨巨可使用 45 磅（20 公斤）。槓片的重量可以幫助你保持平衡，並增強伸展。

做幾組胸抱槓片的髖鉸鏈。這不只會提高你的柔軟度，同時也幫助你學習，在脊椎固定且脛骨垂直的情況下，以髖鉸鏈執行動作。

如果你的大腿後側緊繃

安德魯‧瑞德（Andrew Read）教你做個簡單的伸展：

「躺在地上，腳抵著牆，腿伸直。身體放鬆，屁股盡量靠近牆。等到你躺在地上，腿伸直後，能把背平貼在地上，且屁股幾乎要貼到牆上時，你大部分地方就夠柔軟了。」

至少對健力選手來說足夠了。

「要伸展到什麼程度，關鍵在於你怎麼樣才會覺得舒服。我的左大腿後側狀況很差，受傷後經過治療，狀況還是不穩定，總是很緊。有時候，我得等個至少 20 分鐘才能放鬆。要在一個點上站 20 分鐘不太實際。唯一解決方法就是坐著或躺著。我會拿本書看，然後就掛在那裡，直到我覺得做夠了為止。」

幾乎每天都要耐心練習這些伸展動作，但這不是起床後的第一件事，也不要在舉重前做。這是所有被動伸展的第一重點：常常做、不要起床就先做，也不要在舉重前做。

可以的時候，拿掉木板，但要用同樣
方式動作，就是不要讓膝蓋往前推。

等到你能舒服且俐落地將髖鉸鏈往後
推，在不讓背部失去平直角度或讓膝
蓋前推的情況下，將手臂垂至能握
住舉重平台上的槓鈴時（這個過程可
能會花上幾分鐘或幾個月，視情況而
定），你就能往下個步驟邁進了。

哪種姿勢比較有力：傳統還是相撲？

傳統硬舉姿勢的腳站位要比肩寬窄，握槓的位置在腿的外側。俄羅斯
人稱這個姿勢為「經典」站姿。

相撲硬舉腳站姿較寬，啟動時手臂置於膝蓋內側，站姿寬度有多種，
從腿跟手臂擠在一起，一直到站超級寬，寬到腳趾冒著被槓片壓到的
風險都有。

相撲硬舉與傳統硬舉的爭議已經有數十年的歷史，而且很沒意義。兩
種站姿都有人打破世界紀錄。傳統硬舉派有安迪・波頓、康斯坦丁・
康斯坦丁諾夫（Konstantin Konstantinov）、拉瑪・甘特（Lamar Gant）等
人。相撲硬舉派則有艾德・科恩、麥克斯・波提尼（Max Podtinny）、
約翰・英澤（John Inzer）等人。

簡單的說，相撲硬舉最大的優勢在於槓鈴的行程較短；傳統硬舉則是可容忍較高的喚醒度（arousal）。柯克‧卡沃斯基這種傳統硬舉使用者是靠著一股氣來拉；湯姆‧艾斯曼（Tom Eiseman）這種相撲硬舉使用者則是無法承受較寬站姿所需的較高精準度。

「我比較適合用哪個姿勢？」每個訓練者都要替自己找出這個問題的解答。

一般來說，如果你的上身較短，而且是個「人來瘋」的選手，傳統硬舉是你的最佳選擇。脊椎較長、比較鎮定的選手，最有可能以相撲硬舉取得好成績。

本書中許多技巧都是由 StrongFirst 認證資深教官傑森‧馬修（Jason Marshall）示範，他偏好超寬站姿相撲硬舉，能以這個姿勢在不用藥的情況下，以 80 公斤（181 磅）的體重拉起 280 公斤（617 磅）。

傑森也曾成功拉起蘇格蘭知名的汀尼巨石（Dinnie Stones）。

我會鉅細靡遺的講述俄羅斯相撲硬舉技巧。在本書中，我們將使用壺鈴相撲硬舉，作為精通傳統硬舉的前導動作。

觸地即起壺鈴相撲硬舉

重量在雙腿之間的窄站姿相撲硬舉最好學，因此我們先從這裡開始。

雙腳距離略寬於肩，腳趾自然朝外。

腳趾抓緊地板，這樣能夠啟動你的臀部與腹部。

壺鈴置於雙腿之間，手把與雙腳腳掌中心成一直線，或是稍微後面一些。

如果你的胸與肩膀非常厚實，就用兩顆壺鈴。

如果你沒有壺鈴，就把啞鈴直立放置來代替。

深吸一口氣，接著往後坐，這就是使用髖鉸鏈。下沉時脖子不要有動作，想像自己是隻昆蟲，頭與軀幹是一整塊剛硬的物體。視線直視前方，這時你的髖鉸鏈已低至足以抓到壺鈴，你的目光會看向前方1.8-3 公尺（6-10 英尺）處的地板。

膝蓋微微前推，推到足以配合雙腳移動即可。脛骨盡可能垂直地面，前面的木板輔助訓練應該能讓你學到如何自然的擺出這個姿勢。別把大腿後側伸展的感覺放掉。俄羅斯健力教練艾斯科德・蘇羅維斯基（Askold Surovetsky）的指導語是：「下降的過程，腿部肌肉應該要像弓那般拉緊，並準備返回的動作。」

硬舉時要避免出現兩個極端狀況：雙腿伸得太直，以及蹲得太低。健美大師麥可・門澤（Mike Mentzer）將硬舉描述為，介於膝蓋大幅度彎曲與用手指觸碰腳趾這兩個動作各半。結合這兩個動作的一半，將給予你最大的力量。

這是「理想的」脖子位置嗎？

硬舉時最佳的脖子位置，一直是健力選手、教練與醫學專業人士熱烈爭論的話題。正確答案不止一個，各個世界紀錄保持人使用的各式姿勢足以證明這點。不要落入一般新手的陷阱，對各方權威人士的說法照單全收，困惑不已，然後不知所措。我們替你挑了一個最有效率的技巧，用就對了，不要質疑。

健力界有句話這麼說：下去的時候越艱難，上來的時候就越輕鬆。蘇羅維斯基非常強調下降至槓位的專注，他提到：「下降到槓位時太隨意不夠專注，會導致嚴重的負面後果。首先，你就比較不容易找到正確啟動姿勢，肌肉在動作開始的準備上也會比較差。再者，你最後會把骨盆降得太低，這會增加硬舉的行程。準備階段是整個動作非常重要的部分，但訓練時時常被忽略。」

在不看壺鈴的狀況下，將手臂伸得「長長的」來觸碰壺鈴。胸部與上背部不可塌陷，也不需要像奧運舉重選手一樣弓著或鼓起背部（不要駝背就是了）。歷史上有幾次最佳紀錄，是以駝背姿勢創下的，像文斯・安尼洛（Vince Anello）或康斯坦丁・康斯坦丁諾夫，但初學者不要學。就算是菁英選手，也很少人會這樣拉。你的肩胛骨應該張開些。下背應該微微弓著，上背則是略成圓形。

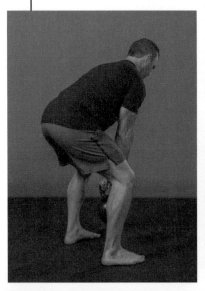

為何硬舉選手不像奧林匹克舉重選手一樣將胸部挺起來？

根據一些專家的說法，如果硬舉時將肩胛骨張開，就無法訓練到如菱形肌等的中背部肌肉，還會導致發展不平衡，引發中背部嚴重疼痛。確實，如果你硬舉的時候放鬆上背部，就會發生上述情況。

要解決這個問題，有一種方法是像奧運舉重選手一樣做硬舉，夾緊肩胛骨，並突出胸部。如果沒達到硬舉的肌力潛能你就滿足了，是可以這樣做。

另一方面，向前伸的肩胛骨和未充氣的胸部，會縮短你需要拉的距離，因此會讓你拉得更重。此外，一旦重量夠重，無論你喜不喜歡，都必須採取這種姿勢，你大可以練習這種你必須使用的方式。對輕重不同的重量使用不同技術，則是極為糟糕的想法。像安迪這樣的大師們完全理解這件事。我曾看過他在阿諾經典賽（Arnold Classic）拉起超過 408 公斤（900 磅）的重量，也看到他用 61 公斤（135 磅）做熱身……而他使用的技巧與大重量時完全相同。一位傑出的健力運動員厄尼·法蘭茲（Ernie Frantz）數十年前就說了這個至理名言：「做小重量的時候，要像做大重量一般，這樣一來，做大重量的時候就會感覺輕盈。」

但是較弱的中背部產生的疼痛呢？這要感謝安迪的方法論中，划船課表的大力貢獻，中背部既沒有疼痛也沒有虛弱感。划船動作不僅可以補足硬舉的背部發展，還可以幫助提高臥推重量，而且讓肩膀保持健康。稍後會更詳細地談論這個問題。

將肩膀向下推，遠離耳朵，做「反聳肩」動作。如果你夠專心，你的腋窩會抽筋，且中段肌群會感覺更穩定。

保持往後坐的姿勢，同時將重心放在腳掌中央，或稍微往後腳跟傾。當你的「長臂」觸碰到壺鈴，看著前方 6-10 英尺（1.8-3 公尺）的地面。

握住壺鈴把手，然後從腋窩的位置，而不是只用手，來試著把它「掰斷」，以此活化背闊肌。當你「找到你的背闊肌」，你會感覺到你的硬舉更強壯也更安全了。

身體站直。不要想著要舉起壺鈴，而是專注在你的雙腳腳掌：想像你把腳猛力踩穿地板。

深呼吸，再次往後坐。不要想著要放下壺鈴，因為這樣的意圖很可能會讓你的背部出問題。反之，專注往後坐，並使用你的背闊肌將壺鈴引導到雙腳之間的確切位置。同時，繼續從腋窩的位置開始「掰斷」壺鈴把手。

當壺鈴輕輕觸地，就站起來。下蹲時吸氣，上升時呼氣。5 次為 1 組，可做數組。

上升

想像一個跳躍動作，這個跳躍動作要膝蓋和髖部同時伸直。

執行任何形式的硬舉時，你的屁股絕對不能比你的肩膀更快上升。這個關鍵點值得再三強調，重量變重時，你會很容易用屁股帶動重量。

這裡說明為什麼你的身體會做出這樣不好的決定：從能量消耗最小化的角度來看，以圓背和幾乎鎖死膝蓋的方式彎腰撿起東西最有效率，因為其中大部分工作由韌帶完成。問題在於，等到你的背壞掉時，你會悔不當初。

艾瑞克・克雷西（Eric Cressey）是一位高明的體能教練，他以 75 公斤（165 磅）的身軀舉起 300 公斤（661 磅），令人印象深刻。他強調：「……最『有效率』的方法並不總是正確。對於姿勢不良的人來說，在日常生活中，效率意味著用圓背的方式拾起沉重的箱子，因為這是他們習慣的模式，因此不太『耗費能量』。這僅僅證明了這是一種有效率的受傷方式！我寧願安全且**低效率地**舉起東西。」

IPF 世界健力錦標賽冠軍馬蒂・加拉格爾（Marty Gallagher）常說：「硬舉時，一切都必須同時到達。」進一步說，所有東西也必須同時移動，就像跳躍一樣。

嘗試「將地板往下推」同時保持軀幹穩定的意圖，會有所幫助。

鎖死

繼續練習同樣的觸地即起（Touch-and-Go）相撲式壺鈴硬舉姿勢，並專注在鎖死的動作上。

在不思考舉起壺鈴的情況下，伸直身體。

在硬舉動作最高點「拉伸臏骨」，並用臀肌「擠碎核桃」。

骨盆微微前推，不要往後傾！驅動髖部稍微向前，這與往後傾並擠壓脊椎有很大的不同。斯圖亞特・麥吉爾（Stuart McGill）教授堅持道：

「減少脊椎力量，就是最大化髖部力量。保護運動員的『力量』來自髖部而非背部。許多研究顯示，相對於表現較差的對手，較優秀舉重運動員的髖部力量較大、背部用力較少。即使是動作速度更慢些的健力選手，較高的髖部施力與背部力矩比率，也是可以用來區分出其硬舉和深蹲是否做得比別人更好。」

稍微將肩膀往後收。後收過度會使你的下背不舒服，收得不夠，比賽時會被判定失敗。記得保持「掰斷」壺鈴手把的概念，這將有助於讓你把肩膀放在正確的位置。

穩固你的腹肌，像是有人要打你肚子一樣。

就算是拿著輕重量的壺鈴，你的鎖死動作看起來可能還是沒什麼說服力。可能是你不知道如何運用臀部肌肉，或是你的髖屈肌群較為緊繃，或者兩者皆是。

讓我們進入 StrongFirst 臀橋式 (hip bridge) 動作吧。

仰躺在地上,雙膝彎曲,腳掌著地,就像在做仰臥起坐。將一雙網球鞋或類似大小的軟物體放在雙膝之間。腳趾向上提,腳跟深深踩進地板,髖部盡可能抬高。膝蓋繼續夾緊球鞋,這樣可以確保你是在伸展髖部,而不是過度伸展下背部。

在最高點暫停,臀肌保持最大力量收縮,然後放鬆,再讓下背回到地板。5 下 1 組,重複做數組。

目標是讓大腿和軀幹形成一條直線,持續練習。

每組臀橋運動後,做 1 組 5 下的觸地即起相撲式壺鈴硬舉。在最高點時,以同樣方式縮緊臀肌。

如果要在任何動作(尤其是硬舉)中舉起重物,你必須繃緊腹肌和腰部其他肌群。以下技巧將快速教你如何正確掌握。

現在正好來強調一點:高強度肌力訓練時,保持呼吸、壓力式呼吸和

肌肉張力需求，並不適用於所有人。這些技巧可能對有高血壓和其他心血管等醫療狀況的人有反作用。請徵詢醫師的意見。

在你啟動壺鈴硬舉動作之前，透過微微撅緊的嘴唇呼吸，比平常稍微多吸一點氣。現在，將你的舌頭壓在牙齒後面，發出嘶放聲，試著收緊你的腹部。舌頭用力抵住嘴巴，讓空氣只有很小的開口處可以流出。把你的嘴巴想像成一個空氣管道的噴嘴。當你放鬆嘴唇時，空氣可以自由流出，沒有壓力產生；但是當你用舌頭抵住牙齒，像是要發出「嘶放聲」，彷彿你用大拇指塞住水管的出水口。突然間，只有一點點氣體可以逸出，管子內的壓力會急劇上升。

做一個很短的嘶放聲，不要把氣洩掉，只需要稍微釋放一點空氣以增加腹部壓力。要確保這個動作不會讓你拱背。

當你發出「嘶放聲」，肺活量應該已減少到最大肺活量的 ¾ 左右。根據前蘇聯的研究，這是最理想的空氣量。❶空氣太多會阻礙人們充分緊繃腹部，空氣太少則無法在胃內建立足夠的壓力泡泡。

站起時屏住呼吸，並保持中段緊繃。

往上升的過程中用力呼氣，但不要全部呼出！聲音發出來！你是為了成為頂尖人物而練。

鎖死動作之後，在不放鬆腰部的情況下吸入更多空氣，接著坐回到壺鈴在腳跟之間的姿勢。

讓我們做 1 組 5 次的單次啟動硬舉。稍微放鬆，呼吸，確保起始位置完美無缺，稍微發出嘶放聲，然後站起來。接下來……再做 4 次。

往後，拉起重量前有在腹部製造壓力且繃緊的話，可選擇要不要發出嘶放聲。有些人硬舉時會這樣做，但大部分人其實不會這樣。

槓鈴架上硬舉

我賭你已經等不及要把槓鈴上手了,時候到了。你會先從上半段硬舉開始,因為這一段比較不需要技巧和柔軟度。這個練習真的可以教你怎麼推髖向前,這也是安迪比賽時硬舉技巧中的精華要素所在。

在深蹲架內放一根槓鈴,高度稍微低於膝蓋,加上一對槓片。大多數女性應該從一邊 10 磅(4.5 公斤)開始,然後迅速進展到 25 磅(11.3 公斤);大多數男性則是從 45 磅(20 公斤)開始。

如果你有個木頭門擋可以卡住槓鈴,那就更好了。這樣拉起來感覺更自然,你的身體不會晃動,能承受槓鈴的重量更久。

靠近槓鈴順順站起,雙腳站距比肩寬稍窄,腳趾朝前或稍微向外。

透過微張的嘴唇,將空氣吸入你的腹部,但在胸部填滿空氣前停止。

鮑伯‧皮爾普斯(Bob Peoples)是最早的硬舉名人之一,他發現將空氣吸入胸部會讓他的背部變長,更難執行硬舉動作,他發現將氣吸入腹部才是正確方法。

腳趾抓緊地面,向後坐,「伸長」手臂觸碰槓鈴,三頭肌繃緊。如果你一直在練習髖關節鉸鏈伸展,你的前脛會舒適地垂直,下背部保持挺直。

現在,用雙手正握握住槓鈴。

完美的握距需要雙臂保持平行。

雙手緊握槓鈴。

吉姆・史密斯（Jim Smith）認為：「牢牢握住槓鈴，是建構上半身張力，並與下半身定錨在地板後創造出的張力連結起來的第一步，從而創造全身張力或放射張力。張力越多，意味著肌力越強，且越不容易受傷。」

「折斷」槓鈴以啟動背闊肌。

稍微嘶放吐氣，讓腹部收縮狀況更好。

收緊臀部，骨盆前推，挺直身體。發出清脆的吼聲。你的脛骨不應該有絲毫移動——想像脛骨陷在水泥裡。

在鎖死狀態暫停一秒鐘。確保你的肩膀保持向下放鬆。

「可是其他教練說，握槓的時候要放輕鬆！」

安迪・波頓緊握槓鈴，艾德・科恩則會鬆握，兩位都是硬舉巨星。在各自的訓練系統下，這兩種技術都正確，挑一位領袖跟著他學吧。

以下是我們在 StrongFirst 的做法，引用 StrongFirst 認證教官，美國健力協會全國冠軍和 IPF 美國國家隊總教練麥克・哈特爾 (Michael Hartle) 博士的話：

「我在深蹲、臥推和硬舉時都緊握槓鈴，我很久以前學的就是這套。

「深蹲時，這樣可以幫助我穩定我的上背部，並讓我感覺與槓鈴緊緊鎖定，讓重量感較輕。

「臥推時，這也非常有幫助。大重量反覆起槓時，這大大減少了手上的『重量』。在心理上，也同樣有幫助，讓我感覺更能控制好位於頭部上方的重量。

「硬舉時，這有助於胸椎和上背部穩定，從地面舉起重量時感覺更輕。正如你所知，握力與啟動旋轉袖肌有直接相關。」

吸氣，穩定控制髖鉸鏈向後傾斜。最終，你會輕快地完成這個動作。先別去想大重量硬舉減速訓練，你離大重量還很遠。

溫柔地將槓鈴架好。

使用你的背闊肌，整組動作都保持槓鈴貼近你的腿，這樣可以增加你的槓桿作用，並讓你能夠安全地舉起更多重量。跟平常一樣，每組都做 5 下。

通往舉重平台之路

在這個階段，你需要大量練習。因此，你 1 週要練 3 次硬舉，且交替使用槓鈴和壺鈴，如：週一槓鈴，週三壺鈴，週五槓鈴，週一壺鈴……以此類推。

壺鈴日，使用 1-2 個壺鈴，或是將啞鈴像罐子一樣直立，做 5 組 10 下觸地即起的相撲硬舉。重量應該要輕，但也別太輕了，差不多你體重的 ⅓-½。這樣的「硬舉」會很輕鬆，這就是關鍵，你只是在進行軌道潤滑訓練法（Grease The Groove）。

槓鈴日，進行 5 組 5 下的單次啟動架上硬舉。逐漸增加重量至 1 倍體重或再略重。雖然你的膝蓋或許可以負擔更多重量，但別這麼做。大重量鎖死要有點經驗的舉重者才能駕馭。

不要增加重量，而是藉由調低保護架，讓槓鈴起始位置越來越低來逐漸增加動作行程。理想情況下，每次增加 1 英寸（約 2.54 公分）或甚至半英寸（約 1.3 公分）。由於大多數蹲舉架的每個孔距都大於這個數字，試著站在木板、較硬的橡膠墊或槓片上，來增加較小的微調動作行程。

短期目標是以自體重量執行 5 組 5 下。等到能舒適地執行當下重量，再調低保護架的高度，如果有握力問題，可以開始使用止滑粉。

正反握 (The Mixed Grip)

在能用正握以自體重量執行 5 組 5 下之前，都先用雙手正握。挑戰這個握法不僅能增強握力，也能讓你學到如何順暢地拉起槓鈴，拉的太猛會讓槓脫手。

不過，總有一天你會沒辦法抓緊槓鈴，這時就要用正反握了。

正反握的握槓方式，是用一手掌心朝前、一手朝後。

如果你練過武術或是上過防身術的課，你就知道拇指的力量不如其他四根手指的總和，因此這些課程會教你，當攻擊者的手抓住你的手腕時，你要對準他的拇指推擠。如果你用一般的雙手正握握槓，最後大重量會讓大拇指撐不住。

正反握會讓你其他強壯的手指支援大拇指。這個動作一開始會讓你覺得不太自然，但你會習慣的。

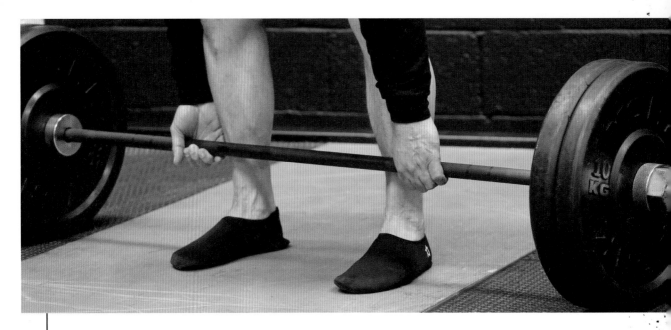

實驗看看,把手放在槓鈴上確切位置,讓脊椎對稱地負荷重量。要注意,手在槓鈴上的對稱位置時沒法做到這點;由於手肘古怪的解剖構造,掌心朝前那隻手得往外握一些。雙手無名指對齊通常會是最好的位置。

正反握也不是沒有問題。首先,正反握會在脊椎創造力矩,這也是你每做一組最好要交換握槓方向的原因。其中一個方向會比較有力,這樣很好,大重量組的時候就這樣握,輕鬆的重量或熱身時,就握另一個方向。

再來,手腕往上、掌心往前,這會讓你的二頭肌很容易受傷,而且絕對不要很猛地把槓拉起來!還要保持手肘伸直,三頭肌繃緊,想像你的手臂好像被拉長了一般。

舉重選手常用的雙手正勾握,是正反握之外的另一種選擇。這種握法沒有前面的狀況,但也有自己的問題,就是勾握會給大拇指帶來很大的負擔。布萊德‧吉林漢 (Brad Gillingham) 在 IPF 世界盃健力錦標賽舉起接近 410 公斤(900 磅)之後幾天,我就曾看過他的大拇指仍

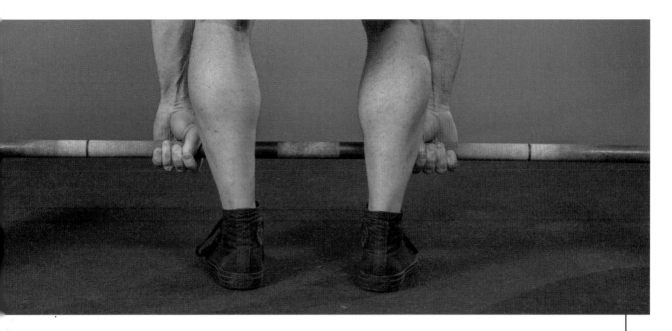

留著令人印象深刻的瘀傷，話雖如此，你可以習慣這種疼痛。不過，這也代表若沒把大拇指壓個稀巴爛，就沒辦法拉太多下。

如果你選擇練習這種奧運舉重選手使用的握法，熱身時拉個一兩下也就好了。做 5 下的訓練組時，你會需要助握帶（straps），以及額外的握力訓練，像是安迪的雙手正握聳肩訓練。

把自己往槓鈴的方向拉

所有硬舉專家都知道，從開始將重量拉起的那一刻，就要讓髖鉸鏈的肌肉（也就是將你膝蓋上提的髖屈肌）持續保持繃緊，這個細微的技術會大舉增加你的肌力以及背部安全。

乍看之下，這個概念沒什麼道理可言，如果硬舉的目的是伸展髖部，為何你會需要讓髖屈肌火力全開呢？不過當你深入研究，會發現其中有許多很好的理由。

首先，髖屈肌群有處起源於腰椎稱為腰大肌的部位。當你用糟糕的姿勢且弓背做仰臥起坐時，就是腰大肌在用力。不過對仰臥起坐不好的動作，對硬舉卻是好姿勢，我們會把下背弓起來，這時你的「仰臥起坐肌」會幫上忙。

再者，下背微微弓起時，你會從臀肌得到更多。弓起的姿勢會預先拉伸臀肌，並帶來更大的爆發力。我的觀察：以弓背硬舉的人臀肌都很發達；圓背的訓練者的屁股就比較扁。強壯的臀肌是動作安全與良好表現的關鍵。

最後，掌握髖屈肌群能讓安迪快速且精準地做好完美的滾動式 (rocking) 硬舉起始動作。但你還沒能做到這樣的起始動作，目前你要做的，就是用跟拉瑪・甘特這類優秀的硬舉選手一樣的方法，慢慢地「下潛」，把自己往槓鈴的方向拉。你之前的訓練差不多可以讓你做到這件事。接下來 StrongFirst 會教你如何把這個過程做得更好。

仰躺，並將雙手放在下背下方，保持正常的腰椎曲度。雙腳伸直，腳掌置於訓練夥伴的膝蓋，雙腳寬度跟你的硬舉站姿相同。腳掌背屈，也就是將腳趾朝你鼻子的方向帶。請訓練夥伴抓住你的腳背，且施加阻力。如果你是獨自訓練，就套上彈力帶來幫你伸展。

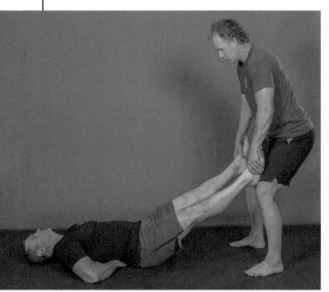

膝蓋朝你身體的方向拉，但要保持硬舉站姿，頭跟尾椎不離開地面。
要感覺到大腿跟部與髖部交界處的肌肉收縮。

現在，起身去找根槓鈴，吸氣，身體繃緊，運用剛剛喚醒的肌肉，把
自己往下拉至硬舉起始位置。想像自己穿著硬舉裝，或是比平常小三
個尺寸的牛仔褲，並對抗這樣的阻力。將槓鈴從地面拉起的過程，要
保持髖鉸鏈繃緊。

願你的硬舉強而有力！

臥推：如何增進推舉爆發力

A 臥推可能是全世界健身房最熱門的動作，如果沒能拿下第一名的寶座，絕對也只輸給二頭彎舉。

無論你是在裡頭滿是健力選手和全心想變強的運動員的硬派健身房訓練，還是在擺滿鏡子、機械式器材那種令人作嘔的懦夫商業健身房，或是更糟糕的那種所有人進去都在讚嘆漂亮環境卻什麼運動也不做的「體適能健身俱樂部」（諷刺的是，這裡既不能增強體適能，也健不了身），不管是哪一種地方，你都能看到一大堆人在做臥推。

現在的風氣就是如此。

但並非所有人臥推的狀況都相同。你可以看到，只有在硬派健身房裡那些制霸一項運動，或是少數對肌力訓練有純正熱誠的真男人，能夠用良好的技巧執行臥推。

其他 99% 的人，臥推的動作都很糟糕。

如果你的臥推動作很糟糕，會增加受傷的風險，且毫無用臥推推起大重量的機會。這個章節的目標，是教導你運用優異的技巧，使用自然力量臥推（也就是不穿臥推衣）。

絕對不要忽略技巧的重要性。無論何種運動，優異的技巧都是區別菁英選手與冒牌貨的重點。雖然在技巧上下功夫不會像開啟一段新的訓練課表那樣性感酷炫，但就你目前的肌力訓練學習之路來看，這是你所要做最重要的事情。

現在，我要你向我保證，你每次踏進健身房，都會好好練習你的臥推技巧。

下面，就要開始講解技巧了。

一開始你的技巧一定很差，所有人都一樣，我向你保證，有些人還比你更糟。沒有人一開始推就能推得很好。接著你會致力於專精這個動作，然後隨著時間你會越來越棒。這樣做之後，你的肌力提升，而這時，一般那些能推個 90 公斤（205 磅）的人，他們的肩膀會痛得要命，而你會一路無痛地推到 140 公斤（315 磅）。要記得，一旦你掌握了優異的技巧，就能大幅降低受傷風險，並且打下大舉增加肌力的基礎。

說了這麼多，接下來……

精通技巧，讓你確實增進臥推力量

首先，你需要一張板凳。

理想的臥推訓練站，會像是 Forza 品牌這種，世界上某些盛大的健力賽中使用的設備。Forza 板凳的優點在於你的置槓架可以做調整，這代表你可以為自己和你的訓練夥伴找到完美的置槓架高度，如果你跟一起訓練的人手臂長度不同，這樣的設計讓你可以在組間快速且輕鬆調整置槓架高度。便宜的板凳通常只有 1-2 個置槓位置。

如果你是一般身高，就說是 178 公分好了，一般的板凳也許過得去，因為這些板凳通常就是做給一般人用的。如果你比較高或比較矮些，你就得妥協自己去配合這些板凳，因為你起槓時要不是會靠臉太近，就是會太遠不好起。兩種狀況都會減損你的訓練品質。要怎麼做看你，但我的建議是，去有可調高度板凳的健身房訓練吧。

練習自然力量臥推時，你可能會使用的裝備有：

- 護腕：護腕會緊緊包住你的手腕以提供支撐。有些選手會因為勒緊的護腕能夠讓手指靠攏，而感覺他們的握力增加了。護腕其實可有可無，但除非你是個很強的健力選手，不然你大概不需要。倒是有個例外，就是你的手腕很弱，那護腕就能帶給你很大的幫助，你可以自己選擇。
- 腰帶：深蹲和硬舉時戴腰帶能讓你多蹲或拉點重量，一般來說，若要練無裝備臥推，這就有點不必要的多此一舉，但如果你想戴，就戴吧。

接下來，我們繼續講解臥推技巧吧。

臥推準備姿勢

準備姿勢是在說明你起槓前的動作。有幾個地方要注意：

- 你的頭。
- 你的上背與肩膀。
- 你的臀部。

雖然我覺得不需要再次強調，但我還是要說。畢竟，安全總比到時遺憾要好。

你的腳應該穩穩踩在地上！是的，很多人臥推時會把腳踩在板凳上或是騰空，但我們不是馬戲團小丑，我們是要來推很大重量的，這需要穩定的地基。這跟金字塔有點像，地基盡可能越寬越好，因為這樣能獲得最大的穩定性。

雙腳寬站，且「將腳跟緊緊往地板扭」。

你的腳跟會差不多位於膝蓋正下方。盡可能將臀肌繃緊，別想說要讓臀肌放鬆靠在板凳上就好，一定要繃很緊。

就算你的身體結構或柔軟度不足以讓你把腳跟扭進地板，使你只能腳趾著地，那也要透過腳跟引導力量。這樣會收緊臀肌和腿後側肌群，也有助於讓臀部緊貼在長椅上。我就是這樣做。

你的上背部會弓起來，想像你在擠壓肩胛骨向後、向下，這樣你就會做出完美的姿勢。

當你這樣做時，你的下背部和板凳之間會有一些空隙，空隙大小取決於你。讓我來解釋一下……

如果你想要推出臥推的最大重量紀錄，你就得減少動作幅度 (range of motion)，也就是推槓的距離。比起 30 公分，推 25 公分當然比較容易，對吧？

此刻，除非你冒險動手術，或是發生嚴重意外，不然你沒辦法改變手臂長度，所以減少動作幅度的方式，就是把下背部弓高一些，這會迫使你的胸部和腹部朝上，往天花板靠。

要牢記，你的手臂長度不變，你會看到藉由弓高一些，可以減少動作幅度。這幾乎一定能讓你推更多重量。

不過，這其中要作些取捨。

你弓得越用力和越高，這個姿勢對你的下背部就越危險。

最重要的是，這取決於你。但話雖如此，決定臥推時要弓到什麼程度的時候，需要思考幾件事。

如果你是名參加競賽的健力選手，需要在臥推時盡可能推起最大重量，那麼你可以盡可能地弓到最大限度。不過，弓得越高，下背部的疲勞程度也就越高……而且比賽臥推完，你還得做硬舉！

如果你專做臥推，那就盡可能弓到最大限度吧。

如果你不是參加健力比賽，那臥推就只是你的一般體能準備訓練（General Physical Preparation, GPP），這個情況下，你就不應該勉強自己弓太多。畢竟，為了在健身房多推個 2.5 公斤，然後讓背部受傷而錯失參加運動比賽的機會，這樣值得嗎？我是不這麼認為，

如果你沒有要參加任何比賽，只是喜歡肌力訓練，那你就自己決定。想弓就弓，只要記得不要受傷就好。如果感覺會痛，就弓少一點，用你不會感到疼痛的弓度即可。

不管你逼自己弓多高，還是要保持腳站寬，穩穩踩在地上，臀部緊崩，肩膀向後向下拉，強迫胸部張開。

提示： 做完臥推訓練後，可以掛在單槓上來減輕脊椎壓力。你的背弓越高，這個手續就越重要。

要如何設置完美的臥推動作，都取決於你。像是高爾夫運動，每位優秀的選手都會有一個擊球前的準備程序，你也可以在網球選手準備擊球動作時，看到類似的準備程序。

做臥推時，你也應該這樣做，找個習慣的準備程序，每次都採取相同程序。只要記得，完美的準備動作看起來應該是：

- 雙腳寬站，腳跟位於膝蓋下方。
- 臀部盡可能收緊。
- 肩膀向後向下拉，保持上背繃緊。
- 頭靠在板凳上。
- 下背與板凳之間留出空隙，自己判斷需要多少空隙。

另一個要點：進入準備姿勢時，眼睛位置差不多是直視槓鈴下緣。等到你起槓開始推的時候，就能理解為什麼要這樣做了。

起槓（Un-racking the Bar）

坦白說，沒有保護員的話，臥推會很困難，最好找一個優秀的訓練夥伴。如果有這種訓練夥伴，你將會輕鬆掌握本節中的建議。

獨自進行大重量臥推是災難的開端。

起槓前，你必須緊緊握好槓，握到讓你的指關節變白。

比賽時，應使用規則允許的最大握寬，你的拇指僅觸及力量環的外側。訓練時，你可以改變握法寬度。如果用窄握，不要窄到會在手腕上施加太大壓力的程度。

接下來，深吸一口氣，將空氣吸入腹部，用嘟起的嘴唇，把房間裡所有的空氣都吸進來。

接下來，你的訓練夥伴將會幫助你起槓。為了跟夥伴同步，你可以這麼做：大聲地數出「1、2、3」。在「3」的時候，和你的訓練夥伴一起深呼吸起槓，夥伴應該承受大部分的重量。

P 你會希望你的訓練夥伴能夠將槓鈴完全抬起，移到你的下胸上方。這是你進行臥推的起點。一開始，這會感覺很不自然。你的身體善於在每個點上找到最佳的支撐點，但身體並不會去思考接下來的步驟。如果臥推就只是把槓鈴停在最高點，那麼將槓鈴保持在肩膀正上方會是最明智的選擇。但是，就像新手下棋一樣，你的身體沒有意識到槓鈴降下時會發生的變化。相信我們，在最高點時這種感覺奇怪甚至有些可怕的姿勢，會為你在底部提供最好的支稱點和最小的肩膀負擔。健力就如同下棋，你必須多考慮幾步。

A 在保持呼吸的同時，你仍應該緊握槓鈴。在起槓的過程中，保持上背部繃緊。不要讓你的訓練夥伴將槓鈴拉得太高，讓你背部變平，失去上背部應保持的位置。如果這樣做，你的臥推重量會變小，也會比較不安全。

P 起槓並將槓鈴從槓架上引導到胸骨正上方的起始位置時，要使用你的背闊肌。如果你不這樣做，你的上背部將失去其弓形，肩胛骨也會開掉。這對你的肌力和肩膀來說都是壞消息。

使用輕重量的滑輪下拉訓練，這能夠幫助你掌握使用背闊肌起槓和引導槓位技巧的練習。站在下拉機前，將雙手放在握把頂端，伸直肘部。吸一口氣，將肩膀向著腳的方向壓，也就是「反聳肩」的動作，並保持這個姿勢。然後，將桿子下壓，直到與胸骨平齊，同時讓胸部向外用力。

最終，將肩膀和桿子下壓以及胸部向外用力的動作變成一個無縫動作。重複做個 2-3 組，直到熟練為止。然後，嘗試在起槓時複製這種感覺。

回到臥推：將槓鈴放置在適當高度。俄羅斯教練警告說，不要把槓架設的太高，如果伸手才能抓好槓鈴，往往會犧牲背部姿勢。

將雙腳定位好，並把背弓好之後，提起骨盆，並在保護員的協助下起槓，若您打算成為健力選手，一定要有搭檔，切勿獨自進行。起槓是重要的比賽技能。

將槓鈴朝腳部移動，使槓鈴的位置保持在胸骨或乳頭上方。請記住直臂下拉的感覺。

將肩膀向後拉，如同烏龜把頭縮回甲殼一樣，這樣可以提供最大的穩定性、保護肩膀，以及最短的行程。

A 現在你已經起槓，準備要來推了。重申一下，目前講解到在你開始降下槓鈴前，臥推姿勢應該如下：

- 雙腳張開。
- 臀部繃緊。
- 上背繃緊，肩膀向後下拉。
- 盡可能地緊握槓鈴。
- 槓鈴位於你的胸骨正上方。
- 你正在吸氣閉氣。

一旦你進到這個姿勢並準備好開始臥推，你只需保持 1 秒鐘，接著就開始降低槓鈴。如果撐太久，你可能會喘不過氣！

槓鈴下降階段

以下是槓鈴下降時應遵循的關鍵點：

- 以直線方式降下槓鈴。槓鈴應該會觸及你的下胸部，胸骨或乳頭線都可以。

- 保持控制的同時，盡可能快速降低槓鈴。我要再重申一次：**在保持控制的情況下降低**，你絕對不會希望因為下降速度太快而損傷肋骨。

- 保持全身繃緊，不要被動地受重量壓迫。用你的背闊肌像划船一樣拉下槓鈴。同時，迫使你的胸部向上接近槓鈴。

- 不要張開肘部，保持肘部成約 45 度。

- 下降時的小技巧：專注於降低肘部，槓鈴會跟著降低。

- 你的前臂必須與地面垂直。

- 不要讓手腕向後彎曲。

- 試著在下降時「讓腳掌幫忙」。這是一種奇怪的感覺，但是透過練習，你會掌握住這種感覺。基本上，你正在嘗試獲得這樣一種感覺，就是你的腿承擔了許多重量。當你做對時，槓鈴會感覺輕很多。

關於頭部的位置，目前有幾種不同的說法和影響因素，包括你是使用裝備還是裸舉的運動員，以及你所屬的健力協會是否允許抬起頭部。

我的設定是眼睛直視槓鈴下方，然後跟著槓鈴向下移動，讓我的頭部稍微抬起。當我將槓鈴向上推起，我會用力將頭部向後壓回椅子上。

P 將頭部向板凳上壓，如此可以反射性地增強三頭肌的力量。請留意，如果你的頸部肌肉不足以勝任此任務，可能會扭傷脖子。

A 當槓鈴碰到你的胸部時，你有兩個選擇。要麼直接向上推槓鈴（觸碰即起），要麼在胸部停留 1-2 秒鐘（暫停再起），然後再向上推槓鈴到鎖死位置。選擇在你，沒有對錯之分。明智的方法是讓訓練有所變化。暫停再起做 4 週，然後觸碰即起做 4 週；或者這週觸碰即起，下週暫停再起，這樣你明白了吧。

將槓鈴快速推至鎖死位置

當你開始將槓鈴向上推至手臂鎖死時，要帶點侵略性。以直線方式迅速向上推槓鈴，腿部盡可能用力。為了得到腿部的力量，得把腳跟往地板推……用力推。

我也想要你思考一下「脈動」的概念，這意味著在舉起重量到某一個點時繃得更緊。臥推要脈動，就是當槓鈴碰到你的胸部時，把臀部和拳頭繃得更緊，更用力地將腳跟推向地板用力。一旦你進入中級水準，這是一個進階且值得學習的概念。

在向上推槓鈴的過程中閉氣，直到鎖死位置。或者，你可以在障礙點 (sticking poing) 呼氣，但在這之前先不要！如果你選擇這樣做，也可以在呼氣時發出嘶放聲。很多舉重選手認為這是一個強有力的舉動，就跟武術家揮拳時會發出聲音一樣。

如果你在障礙點呼氣，必須用嘟起的嘴唇呼氣，同時保持繃緊。如果你在大重量下沒有繃緊，就會像紙牌塔一樣崩潰，然後槓鈴會砸在你的胸部上，而你的保護員就要付出代價了。

身上有負重的時候，永遠保持繃緊。

許多人在臥推時會讓槓鈴朝他們的臉靠近，你要不惜一切代價避免這種情況，因為這會拉長動作距離，這意味著你必須把槓鈴推到更遠的位置，這對肩膀來說是一個惡劣的動作。讓槓鈴保持直線移動，也就是從 A 點到 B 點的最短路線。

P 到達障礙點之前，手肘不要開掉！

觀察新手或健美訓練者的臥推，他們會張開手肘，且一直保持張開，這樣遲早會受傷。這種胸肌主導的技巧會讓肩膀非常難受。

現在，看看一個有經驗的訓練者，他會把手肘藏在身體兩側，而且只在通過障礙點時才會分開。有經驗的訓練者都知道，如果他太早分開手肘，他可能會受傷……並且會在最需要的時候反而使自己的額外助力遭到剝奪。

新手或健美訓練者會發現，這種技巧在一開始時會減少他能推起的重量。這是因為三頭肌還不強。不要放棄，耐心練習把手肘放在正確位置，增強三頭肌，你將比以往舉起更多重量，且受傷機率更小。

A 當你成功將槓鈴推回起始位置，把槓鈴放回槓架，或是多吸口氣，反覆進行數次。

你現在知道，要如何像專業選手一樣做臥推了。每次上健身房都要練習這個技巧。有些日子會比其他日子感覺更好……這就是人生。但藉由致力於掌握你的技巧，你正在讓自己準備好增加最多肌力，同時把受傷風險減到最小，這是一種非常棒的組合。

如何用安迪·波頓的方式
深蹲 551 公斤

A 就算你仔細閱讀了這個章節,並用我建議的方式操作,我也無法保證你真的能深蹲 551 公斤(1,214 磅)。然而,我可以告訴你,你會比以前蹲得更重,而且受傷的機會更低。

如果這聽起來不錯,請繼續閱讀,因為你的深蹲即將突飛猛進。

深蹲是我第二喜歡的動作,當然第一名是硬舉。我的深蹲 551 公斤,使我成為少數幾個能夠深蹲超過 551 公斤的人之一。這是個相當重的數字,551 公斤,我只能告訴你,這感覺就像是整個世界的重量都落在你的肩膀上。

我靠著努力訓練和精心制定的訓練計畫來蹲到這樣的重量,但最重要的是,我是透過完善我的技巧來實現。的確,在體育界,技巧至上。提升技巧是最快變強壯同時降低受傷風險的方法。

在本章中,你將了解如何進行完美的健力式深蹲。

健力式深蹲相對於其他類型的深蹲來說,具有幾個優點。首先,它最能有效地讓後側鏈肌群超負荷。因此,這種風格的深蹲是你有可能達到最高重量的方式,因為它充分利用了你身體最強壯的肌肉。

健力式深蹲的第二個主要好處,是對膝蓋的壓力比其他深蹲方式要小。執行健力式深蹲時,你會向後坐,並盡量保持前脛垂直。因此,你的膝蓋不會向前滑動太遠。這就是健力式深蹲會比其他允許膝蓋大幅向前滑動的方式對膝蓋來說更安全的原因。

深蹲與硬舉的區別是什麼？

這個問題的答案並不像看起來那麼明顯。對於一些菁英舉重選手，像是柯克·卡沃斯基來說，硬舉就是「手握槓鈴的深蹲」。對於像安迪這樣的人來說，深蹲則是「背著槓鈴的硬舉」。

你是否已經感到困惑了？你應該感到困惑沒錯。以下技術討論可能會使情況變得更糟。你可以隨意是否跳過。

讓我們暫時忘記槓鈴是在你的背上還是在手中。需要關注的變化是膝關節屈曲，以及與之相對應的足踝背屈度，相對於動作底部時的髖關節屈曲。如果我們撇開健力運動，用其他運動的肌力教練所使用的術語來看，我們可以說硬舉時，髖部做了大部分的彎曲，膝關節屈曲則是後來的事，而深蹲時，膝關節與髖關節的彎曲程度相當。

硬舉的極端版本是羅馬尼亞硬舉，而深蹲的極端版本則是保持挺直全蹲的前蹲舉。

丹·約翰 (Dan John) 繪製了一個「髖關節位移光譜」，前者位於最左邊，後者位於最右邊，兩個極端之間有很多灰色區域。安迪的硬舉稍微靠近最左邊的角落，他的深蹲則在中間偏左。作為對比，卡沃斯基的硬舉會剛好在中間，他的深蹲則在中心偏右。科恩的硬舉會落在稍微靠卡沃斯基深蹲左側的位置，但相差不大。

波頓的硬舉
　　波頓的深蹲
　　　卡沃斯基的硬舉　　　　　卡沃斯基的深蹲
　　　　科恩的硬舉　　　　　　　科恩的深蹲

羅馬尼亞硬舉 (Romanian Deadlift)　　　　　　**前蹲** (Front Squat)

這些差異中的一部分是由於根據結構進行的個性化調整。其餘的則源於卡西迪－加拉格爾（Cassidy-Gallagher）健力學派中截然不同的深蹲和硬舉技術。通往頂峰的道路不止一條。

儘管在技術上有顯著差異，但波頓和科恩在深蹲和硬舉方面採用了相同的協同方式。後者以相同的站姿做深蹲和硬舉，正如他的教練馬蒂・加拉格爾（Marty Gallagher）所說，從而「加倍動作的爆發力」。乍看之下，這似乎不適用於波頓：超寬站姿深蹲和傳統硬舉有什麼共同之處？但對於他來說，它們確實具有共同點：前脛垂直、髖主導（相對於股四頭肌），以及最後的訓練負重。

波頓深蹲中的前脛垂直和髖主導，確保了其與硬舉之間的交互影響。我懷疑他的深蹲能否幫助康斯坦丁諾夫以股四頭肌主導的硬舉。毫無疑問，這位來自拉脫維亞的俄羅斯人，將全蹲式奧林匹克深蹲作為硬舉的輔助運動。

寬站姿大大增強了臀部的肌力。強大的臀肌對於世界級的硬舉來說至關重要，不過若只是做傳統硬舉，可能難以將臀肌發展至最大極限。

這裡有兩個選擇：蹲深或寬站。

科恩選擇了前者，波頓則選擇了後者。科恩參加協會的比賽，深蹲得蹲到非常低。由於深度更大，一些踝關節背屈並不影響他的硬舉，因為他的技術在很大程度上依賴股四頭肌的肌力，並從膝蓋前推開始。如果波頓深蹲得這麼深，他的膝蓋會明顯向前滑動，他的深蹲也不再對他的硬舉有幫助，因為他將垂直的脛骨作為「槍枝瞄準器」，將他超凡的髖部力量直接傳遞至平台地板。

可以說，訓練負重的相似性是一個人的深蹲對其硬舉產生重大影響的另一個條件。科恩在職業生涯結束時深蹲 454 公斤（1,000 磅），硬舉 410 公斤（900 磅），兩者非常接近。諷刺和不公平的地方是，

那些硬舉比深蹲重多了的選手，即使付出很大努力提高深蹲，但由於深蹲的重量太輕，對硬舉的過渡效果很小。但這是專項性的問題了。

遵循安迪的方法，會確保即使你不擅長深蹲，深蹲重量也足夠幫助硬舉成長。觀看波頓的訓練影片。槓鈴掛勾、輔助裝置，以及他在許多組訓練中減少下蹲的深度，以上加總起來，然後讓他做大重量，對他的硬舉來說夠重的大重量。

安迪的深蹲本質上就是早安運動（Good Morning），這自然地成了一種出色的硬舉訓練法。

艾德・科恩的硬舉動作就像是在深蹲。

在開始嘗試健力式深蹲之前，你還有很多工作要做。技巧嫻熟的深蹲，需要出色的髖關節活動度，如果沒有這種活動度，你就無法發揮最大的肌力潛能，而且很可能會傷害到背部、髖關節或膝蓋，甚至可能全部都會受影響。以下經過驗證的方法，將迅速放鬆您的髖關節。耐心地完成這些步驟，不要急於使用槓鈴。

面對牆壁深蹲

P 首先嘗試面對牆壁深蹲。傑夫·奧康納警告說：「這是訓練，而不是一種技能。」這是一個伸展動作，而不是爆發深蹲動作。

站在距離牆壁幾英寸的地方，面對牆壁，雙腳站得比肩膀稍寬，腳尖稍微朝外。雙手手臂伸直，向兩側舉起，與地面平行。將手心面向牆壁，肩胛骨夾緊。保持腳踩實地（大腳趾不能抬起！），頭部不要往側邊轉，然後盡可能深蹲至最低。

你會注意到，如果沒有把胸部往前推、弓起下背，就無法越過某個點。如果你堅持盲目且被動地往下蹲，就會很快明白自己不僅無法下降超過幾英寸，額頭或膝蓋也會撞到牆壁，然後向後摔倒。

頭往側邊轉也算是作弊。

慢慢地、有意識地移動，並使用髖屈肌群的力量將自己往下拉。膝蓋向外用力，且必須和腳趾同方向，但不能超過腳尖。把氣吸進胃部。

當你的腿部或背部感到疲憊，就停止動作，動動身子來舒緩張力，放鬆，休息後再繼續。如果你每天在一天中反覆做幾次這個動作，這樣進步最快。

繼續努力向下蹲，直到大腿與地面平行（也就是膝蓋頂部高於髖部與大腿交界處）為止。不用再蹲更深，反之，要再站得離牆壁更近，然後再次下蹲到平行位置。調整站姿，使小腿垂直。

長脊柱

路易・西蒙斯觀察到，硬舉時，你會想讓背部縮短，深蹲時則是想拉長。「長脊柱」有幾個好處，包括明顯讓髖部打得更開。之後你會把這個想法應用到你的槓鈴爆發深蹲中。現在，就用面對牆壁深蹲的方式學會這件事吧。

你在深蹲時，讓你的訓練夥伴把雙手的三根手指放在你脊柱中間，然後沿脊柱垂直拉開雙手，試著讓脊柱「伸展」得「長一些」。當一隻手的手指觸及顱骨，另一隻手的手指接近尾骨，你的夥伴應該將手指迅速移回中點，再緩慢且有力地重複「伸展你的脊柱」。

試試看讓你的脊柱跟隨手指的指令。當你掌握了這個技巧，將能夠在無需夥伴手動引導的情況下伸展你的脊柱。

將自己往下拉到洞裡

在硬舉章節的〈將自己往槓鈴的方向拉〉，我們向你展示了如何使用
髖屈肌群將自己往下拉，深蹲的時候也要這樣做。

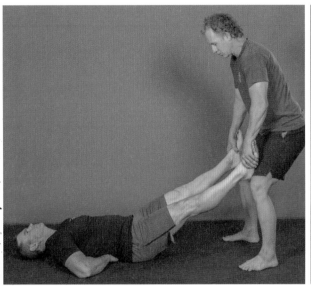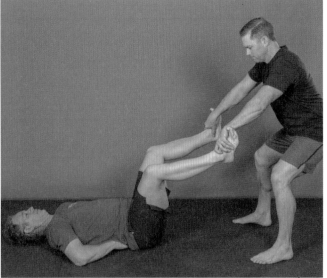

要練習這個動作，請再次仰臥，將雙手放在腰部的凹處，做好正常的
腰椎曲線。雙腿伸直，將腳放在訓練夥伴的膝蓋上，這次跟你寬蹲的
站姿一樣寬。腳掌背屈，也就是把腳趾朝鼻子方向帶。你的夥伴要抓
住你的腳背，給你一些阻力。同樣地，不靠夥伴的時候，可以選擇使
用彈力帶。

將膝蓋往軀幹拉，同時保持蹲姿，不要讓頭部或屁股抬起。感受髖部
與大腿根部交會處的肌肉，你會感受到這些肌肉將你拉到洞裡，或深
的底部，而且是任何類型深蹲的最低點。

撬開

一開始做撬開練習，先將自己拉到面對牆壁深蹲的最低點，也就是稍微低於平行地面的位置。將雙手前臂撐在大腿內側，將大腿打開。另一個選擇：胸抱槓片。對於大多數男性來說，選擇 20 公斤（45 磅）的槓片就夠了，大多數女性柔軟度夠好，就不需要使用槓片。

開始有節奏地將重量從一隻腳轉移到另一隻腳，保持蹲低。想像你頭頂 1 英寸處有一個天花板。

當你以這種方式「滑行」時，想像你正在將髖關節拉開。同時想像著「擴大骨盆」。這會幫助你分開坐骨。信不信由你，你的骨盆有兩半，它們應該能夠移動。如果它們不能動，你就無法蹲低，而且將來很可能會遇到矯形方面的問題。

所以，撬開骨盆，讓它鬆動，你將變得更靈活、更強壯且更健康。記得要保持脊椎拉長，偶爾將注意力從臀部轉移到脊椎，撬開背部使其「變長」。

讓你的膝蓋朝腳尖方向推出，膝蓋最高點高於髖部與大腿根部交界，就是蹲到足夠深的程度，此時你已準備好即將到來的箱上蹲練習了。

把髖關節再打開一點

安德魯・瑞德（Andrew Read）提到，躺著雙腳靠牆的伸展動作也「對內收肌非常有效，只需打開雙腿，讓地心引力慢慢將雙腿往下拉。不時地撬開，將腳推向牆壁，讓它們下降更多，並擺動髖部，讓它靠近牆壁。」保持尾骨靠牆且下背弓起。

這是被動伸展，應在訓練之後做，而不是之前。

StrongFirst 髖屈肌伸展

在硬舉章節的〈將自己往槓鈴的方向拉〉，你已認識髖屈肌群，也就是幫你抬起膝蓋位於大腿根部的肌肉群。令人驚訝的是，伸展這些肌肉有助於你輕鬆達到合格的深蹲深度，而且還可以透過移除臀部肌肉的「煞車」來增強硬舉。

在軟墊上採取跪姿跨步的姿勢。你的髖部必須保持方正，雙腳平行分開，而不是在一條線上，想像你正穿著越野滑雪板。

你的軀幹必須始終保持挺直，想像一下「高挺的脊椎」。後腿腳掌往後伸展，如果這樣會讓你抽筋，你可以按照照片的示例做腳掌背屈。

如果後膝「外翻」，就想像你正在夾緊膝蓋之間的某個東西。若用剛剛越野滑雪板的類比，你的後膝要抵在滑雪板上，而不是滑雪板外的地面上。

前腿的脛骨應該接近垂直，伸展過程中，你可能需要再向前踩一步，因為你正在下沉，膝蓋也在向前移動。

你可以抓住身邊某個東西以保持平衡；但是，不要向前靠在膝蓋上。更好的做法是將手掌按在背部的腰窩處。

緊縮你的臀部，並向前推動骨盆，注意推動的是你的骨盆，而不是胸部！髖部必須帶領動作，並且大部分體重必須保持在後膝上。

「將兩個髖關節從它們的關節窩中拉出」，並同時拉長你的脊椎，但不要過度伸展。

我再重複一次：不要過度弓起脊椎，也不要扭轉髖部，這種柔軟度並不正確。

放鬆並回到起始位置，進入大約每 2 秒完成一個重複動作的節奏。

當你把臀部肌肉繃得更緊，背部就會更輕鬆。

然後，換另一條腿向前重複這個動作。

在深蹲的伸展裡，練習這些髖屈肌伸展。

力量型運動員的伸展

StrongFirst 認證教官麥克・哈特爾博士說到：

「對於力量型運動員，包括健力選手，我總是建議『黃金三式』伸展：一是 StrongFirst 髖屈肌伸展，二是良好的腿後伸展，如門框邊腿後伸展（doorway hamstring stretch），三是 90／90 伸展。這三種伸展動作能夠解決大部分源自深蹲和硬舉的問題。每次訓練後，利用懸掛在引體向上桿上來緩解脊椎壓力，對你有好處！」

博士解釋了 90／90 伸展：

「這個改良式的跨欄伸展動作對於髖部和下背部非常有益。它伸展了臀部肌肉（臀大肌、臀中肌、臀小肌）和各種髖部旋轉肌。

「坐在地板上，重量放在右髖部。將右腿以直角彎曲放在你的前方，將左腿以直角彎曲往後放在你的側面。起始位置會在左腿和右腿的髖部、膝蓋和腳踝都呈直角，右前腳踝、腳掌與左後小腿平行，右前小腿與左後大腿平行。

「將左手放在右腳踝上，將右手（右臂向外旋轉）放在右髖部外側的地面上。挺胸並只在髖部彎曲（不要彎曲脊椎！），向前傾斜，臀部向後推，保持胸骨在膝蓋上方。保持伸展 20 秒，確保放鬆，並且深呼吸。保持頸部和頭部與軀幹成一直線，然後換腳。

「將上身朝向右／前腳對角翻轉並重複這些方向，會為這個區域帶來額外的伸展。

「正確執行時，你將會在髖部的前外側感受到這個伸展動作。」

找到你完美的爆發力深蹲姿勢

讓麥吉爾教授為你指引方向：

「為了找到最佳的髖關節寬度（或站立時髖外旋的程度），請採用四點跪姿。從中立姿勢開始，將臀部向後搖晃或下沉，直至腳跟處。標記出脊椎彎曲首次出現的角度。然後，用不同的雙膝距離重複這個動作。尋找允許臀部在不需要脊椎移動的情況下，最靠近腳踝的最佳雙膝距離。這是能產生最深，並最終達到深蹲最高表現的髖關節角度。這個角度比大多數人想像的要寬，你可以觀察一下世界冠軍的深蹲姿勢。」

利用箱上蹲來學習職業選手般的
深蹲下降動作

箱上蹲就像坐在椅子上一樣。作為一種訓練動作，箱上蹲已存在了半個世紀，許多健力選手都對此在建立深蹲力量方面讚不絕口。然而，由於脊椎會受到沉重壓迫，醫學專業人士對此十分反對。在本書的計畫中，將不會用箱子來增強力量，而只是學習正確的強力深蹲軌道。

首先，讓我們回顧一下硬舉時髖部與大腿根部交界的訓練。站起來，將雙手的邊緣放在大腿根部摺縫處。用力將手刀壓入髖關節鉸鏈，同時將臀部向後推，把重量放在腳跟。你應該會感覺到髖屈肌群緊繃，就像做仰臥起坐一樣。

將壺鈴或一個大重量的槓片靠近胸部，這種由丹．約翰所建議的負重定位方式可以很快地教會你向後坐，因為向前傾會讓你失去平衡。

背對站在堅固的長凳或箱子前面 30 公分（1 英尺）左右的地方。雖然一開始你可能會使用更高的箱子，但箱子的高度應該要是讓你在坐下時，你的膝蓋頂部略高於髖部與大腿根部交界處。根據麥吉爾教授的指導，採取你找到的站立姿勢。

打開胸部，用背闊肌拉低肩膀，直視前方。

將膝蓋向外推，向後坐。

P

繼續向後推動臀部。你的膝蓋會彎曲，但這只是附帶動作，要以髖部為優先！

不要讓膝蓋向前推。理想情況下，你的小腿應該接近垂直，記得最先前的髖鉸鏈訓練，必要時可以使用木板。也不要讓膝蓋內夾，要用力打開。膝蓋要與腳掌同方向，腳掌應該稍微向外。

繼續向後坐，直到你的臀部輕輕觸碰箱子。你必須完全控制下降過程，哪怕是一英寸，也不能掉下去。如果做得正確，你的大腿上部、髖屈肌群和大腿後側肌群應該會感到緊繃。全程保持髖部與大腿交界處肌肉的繃緊，是需要練習和學習的技術。

站起來的時候：向後晃動，然後立即向前晃動，並在遵循以下規則的情況下站起來。

首先，不要移動你的腳。像交叉腳踝或是把腳藏在身下這類怪異動作，請你不要做！想像你的膝蓋被固定在水泥中。

其次，要向前彎身前傾。如果你按照指示將腳放得夠遠，就不可能在身體挺直的情況下站起來，因為這違反了物理學的基本定律。你會不得不使用髖關節鉸鏈向前彎曲至足夠的角度，好把你胸前的壺鈴或槓片重量轉移到雙腳上。

當你感覺到雙腳腳掌有負荷，就弓起上背部，彷彿背上有假想槓鈴，雙腳腳掌用力踩進地板。臀部繃緊，像要「壓碎核桃」般用力，然後像硬舉時一樣，將髖部向前推，直到站起來。小腿保持垂直，膝蓋全程向外用力。

當你掌握箱上蹲的要領，可以練習面對牆壁操作。站得比面對牆壁深蹲時遠一點，但也別太遠，以免你一開始就靠尾椎骨站起來。因為你要是靠尾椎骨站起來，你的臉就會撞在牆上。適當的靠牆距離，可以幫你自我矯正。健力冠軍選手傑克・瑞普（Jack Reape）就是背著槓鈴做這個動作。

最後，你已經準備好摸槓了。只是要記住，活動度是一個可能會消失的身體特質，一旦你達到所需的水準，你將不得不在整個職業生涯中繼續練習讓你達到這個水準的訓練。幸運的是，保持需求的訓練劑量要小得多。

健力式深蹲

A 以下教你如何執行健力式深蹲。練習這些要點，你很快就能像專業選手一樣深蹲。如果有需要，可以把訓練過程拍攝下來，來檢查你的技巧，或者找一個真正了解健力式風格的訓練夥伴，讓他對你的深蹲提供意見。最好的方法是兩者兼用。

無論你怎麼做，都不要像那些自戀的健美選手一樣，在鏡子前深蹲。這只會導致技巧崩潰，與你試圖實現的目標背道而馳。在鏡子前訓練，你會過度依賴眼睛所看到的，而忽略了其他感官。如果你想變得強壯，要對鏡子說「不」。

深蹲時，首先你必須找到合適的深蹲架、自回槓架 (Monolift) 、龍門架或一對老式深蹲架，選擇以上任何一種都可以。如果你是自己練深蹲，最好使用龍門架，因為這會更安全。健力式深蹲唯一的缺點是，在低點被壓住的話，幾乎不可能將槓鈴從背部甩掉，所以在做大重量時，擁有一個好的保護員是明智的選擇。

一旦找到合適的深蹲地點，你必須將槓鈴設置在恰當的高度。把槓鈴放在架子上，你的身體打直，雙腳與髖部同寬站好，使槓鈴的位置大概在你的下胸線的地方，這就是一個良好的起始高度。設置好之後，你就準備好可以開始深蹲了。

起槓

許多人都沒把如何起槓這件事放在心上，總是草率行事。這樣一來，在深蹲時就沒辦法舉太重，同時也會增加受傷的風險。

要正確地起槓，兩手要握在槓鈴左右對稱的相對位置。包含拇指在內，整個手掌要環繞槓鈴握好，小指差不多放在力量環上方。如果你是個大個子，或是肩膀緊繃且活動度不足的訓練者，可能就需要握得更寬。

用力握住槓鈴。

把手握好之後，就要站好腳步了。你的腳掌中央應該位於槓鈴正下方，此時你的胸部將會碰到槓鈴。

透過將肩膀向後和向下用力，將肩胛骨擠在一起，讓上背部盡可能繃緊。保持這個姿勢，微微彎曲雙腿，將臀部向後推，低頭伸進槓鈴下方，並將槓鈴架在背上。

如果你是深蹲新手，找到那個讓槓鈴安穩放在背上的最佳位置，需要一些嘗試。對於大多數訓練者來說，從後三角肌附近的位置去嘗試，是滿有用的方式。較高的槓位並不適合健力式的深蹲。話雖如此，也不要試圖將槓鈴放得太低，因為這會導致你在深蹲時使槓鈴移動，最糟糕的情況，槓鈴甚至可能滾落。

這不是你想要的結果。

槓鈴位置就像生活中的大部分事物：適中的位置效果最好。嘗試不同的槓鈴位置，直到找到一個讓你滿意的位置。一旦找到了，每次反覆就使用相同的槓鈴位置。

在槓鈴下設定位置，值得你花點時間去做。如果你觀看偉大的健力選手艾德·科恩的影片，你會注意到他總是花時間確保槓鈴在他起槓之前要設置正確。要記住艾德，並效法他的腳步。

在你起槓之前，還有兩件事要做。首先，頭部要往後推向槓鈴，這有助於保持上背部繃緊，讓你看起來直視前方或稍稍向上。除非你想讓槓鈴在你深蹲時滾過你的頭，否則不要低頭。

最後，深呼吸，讓肚子充氣並保持繃緊。穩固 (brace) 你的腹肌，就像有個兇狠的壞蛋即將揍你的胃一樣。如果你戴著腰帶，穩固腹肌，並將腹肌往腰帶頂住。

除了穩固腹肌，我還希望你收緊背闊肌。收緊背闊肌可以增加核心的剛性，增加緊繃感，並有助於保持肩膀向後和向下。緊繃感越強，肌力越大。

透過收緊背闊肌，也能保護脊椎。鮮少有力量型運動員意識到，單單收緊背闊肌，就能對肌力產生如此深刻的影響，同時還能在動作時確保安全。

P 哈特爾博士強調：「要牢記，搭上槓鈴時，雙肩肩膀要往下拉，而不是往上聳。這樣聳肩會導致許多肘關節問題，這些狀況在做臥推時經常發生。」

A 現在，你已經設定好起槓位置了，到這裡為止看起來好像有很多步驟，但是練習過幾週之後，大部分操作你就會下意識自動操作。你對細節的關注，將在未來幾年的肌力訓練中得到回報。

出槓時，保持剛剛建立的繃緊狀態，向上和向後彎曲身體，將槓抬離槓架。站立時，先用左腳向後踩一小步，接著右腳也踩一小步。

將槓鈴從槓架抬離之後，除非必要，否則不要走動。往後退 4-6 英寸（約 10-15 公分）就好。那些起槓之後往後退 4 英尺（122 公分）的人是在浪費他們的能量，更別提這會增加他們在深蹲訓練的受傷風險了。如果你需要迅速將槓鈴放回槓架，你寧願距離槓架 10 公分還是 100 公分？

你的雙腳應與肩同寬或略寬，窄站姿不適合健力派深蹲，所以要避免。你的站姿寬度取決於你的生物力學和活動度。不要站得太寬，以致於深蹲時膝蓋內夾，稍後將對此做更多說明。

你需要將腳趾向外約 15-45 度，找出最佳深蹲站姿需要一些嘗試。身上的輔助裝備如緊身褲或深蹲服，你穿戴的裝備越多，站姿就可以越寬。如果你是無裝備深蹲，不要嘗試像我在舉 540 公斤（1,200磅）以上時那樣寬的站姿。我當初那樣站，是因為身上穿著全套多層的健力裝，這為髖部提供了很多保護。

如果深蹲站得太寬，你會把髖部抬太高，你不會希望這樣。要找到你可以舒適應對的最寬站姿。

取出槓鈴

現在你已經準備好深蹲了。在將槓鈴從槓架上抬起之前,先深呼吸,把氣吸進腹部。當你向後走步,要閉氣,保持繃緊。站定位之後,開始用噘起嘴的嘴唇淺呼吸,然後在舉起重量之前,吸一口大氣。這將補充你開頭吸的那一大口氣。

將槓鈴取下之後,你必須始終保持絕對的緊繃感,直到你完成動作,並將槓鈴放回槓架為止。這對於最大肌力和安全是必要之舉,只有靠淺呼吸才能做到。

開始下降時,兩膝蓋用力向外撐開,並向後坐。當你正確向外用力撐開膝蓋,會感覺到重量集中在雙腳腳掌的中段和後段,偏兩腳掌外側。如果重量集中在腳趾或兩腳掌內側,你將會遇到很大的問題。

一旦你向外用力撐開膝蓋並為髖部騰出空間,你就可以向後坐。想像向後坐到椅子上,將臀部推向後方。當你這樣做,你的膝蓋會自然彎曲,就不需要去想膝蓋彎曲的事情。

更強大的方式：「踩開地板」

如果你在深蹲時讓膝蓋向內夾，你可能會受傷，即使你不了解解剖學，也會明白這點。從前面看，脛骨已經不是垂直。重量負荷不再分散於骨骼結構，大部分重量會落在膝蓋內側。顯然，腳掌的內側會承受比外側更大的壓力。

反之，膝蓋向外，腳掌外側承受了超負荷，內側負荷減少，這也可能成為問題，這對膝蓋沒有影響，但對髖部有影響。這是很多寬站姿深蹲者在練習「踩開地板」（spread the floor）技巧時，梨狀肌、闊筋膜張肌和髖部外側其他肌肉緊繃和疼痛的原因之一。

從建築角度思考一下，為了不過度壓迫腿內側或外側的組織，你應該讓腳掌內外側各承受 50% 的負荷。除了能消除某些疼痛，你還會變得更強壯。你的腳掌布滿了力學感受器，這些「小按鈕」能啟動各種肌肉。如果你讓腳掌外側抬起，就無法按下負責啟動髖部的感受器。如果腳跖丘沒有負重，你的大腿肌肉就無法完全啟動。如果你大腳趾抬起，一些屬於大腿後側和股四頭肌群的肌肉將無法收到啟動信號。

重點在於：要以一種能讓你的腳內外側負荷更均勻的方式，來調整「踩開地板」的技巧。只有在你學會將骨盆力量分散成兩半的情況下，才能做到這一點。請牢記並練習〈撬開〉章節的動作。

將你的雙腳腳掌像吸盤一樣黏附在平台上，不僅你的膝蓋要打開，大腿根部（西裝褲前口袋的位置）也要打開。這個細節極其精微，一旦掌握得當，就能體悟到這個方法有多強大。

A 當你下蹲時，保持繃緊，繼續向前看（或稍微向上看），並保持胸部朝前。從側面觀察你的深蹲，你蹲的位置，要低到髖部和大腿交界處剛好低於膝蓋最高點。你的小腿要盡可能接近垂直，軀幹會彎曲大約 25-45 度。如果你的軀幹沒有彎曲來補償向後坐的動作，你會跌倒，就是這麼簡單。

你不能以直立的軀幹進行深蹲，因為要保持這麼直立，就無法達到健力的深度。然而，你的下背部必須始終保持弓起。只要在深蹲的每個動作中保持繃緊的腹部和上背部，你就能夠做到這一點。如果無法保持繃緊，你的下背部會變圓，使你的深蹲變弱，讓你暴露在受傷的風險之中。

在保持完全控制槓鈴的同時，盡可能快地速下降。這點很重要，所以要注意。

一旦你達到深度，就該站起來了。

帶著槓鈴回到鎖死位置

如果你蹲低的動作做得非常完美，你很可能會發現自己不需要花太多心思在如何帶著槓鈴回到鎖死位置。你的身體會本能地知道該走哪條路線。然而，你應該注意以下幾點：

- 當你將槓鈴從最低點推出時，要兇一點，盡可能推得有爆發力些。遵循補償性加速定律（Law of Compensatory Acceleration），無論槓鈴上的重量是最大肌力的 50% 還是 105%，都要以最快的速度推動槓鈴。唯一的例外是熱身。如果你在少於 40% 單次反覆最大重量的情況下用太強的爆發力，在鎖死位置處會有關節過度伸展的風險。
- 膝蓋繼續向外推，不要讓它們往內夾。
- 保持胸部朝前，上背部繃緊，並保持直視前方或稍微向上看。
- 保持繃緊！竭力穩固你的腹部，並收緊背闊肌。

當你成功完成一次動作，就暫停在鎖死位置 1-2 秒，淺呼吸，保持繃緊，然後進入下一次反覆，或將槓鈴放回架上。只有在槓架承受住槓鈴全部重量的情況下，你才可以放鬆。

就是這樣。你現在已經知道如何完成一個完美的健力式深蹲了。你需要做的就是一次又一次地練習。

關於深蹲技巧的一些想法

在很多方面，深蹲與高爾夫揮桿或網球反手拍並無不同，你可能會覺得我瘋了，但請聽我說。

想想這三個動作：深蹲、高爾夫揮桿和網球反手拍。這些動作都是從一個準備姿勢開始。這是基礎，只要做對了，就是為接下來的動作創造正確的環境。如果做錯了，你就要在動作模式中做出彌補，但這永遠不會比一開始就把準備姿勢做好這麼有效率。

在準備姿勢之後，深蹲有下降動作，而高爾夫揮桿和網球反手拍有後揮動作。你可能會認為這使得深蹲與其他兩個動作完全不同，但如果我們稍微改變一下措辭，將這些動作模式稱為「負荷階段」呢？實際上，這些動作正是如此。

在深蹲下降的過程中，你的後側鏈負荷重量，這是為了大力推動向上回升到鎖死位置的過程而做的準備。在高爾夫後揮和網球反手拍的動作中，運動員將用來擊球的器械從目標處拉開，則是為了發動回擊而做的準備。

在這三個動作中，負荷階段都是為接下來的猛烈階段做好準備。如果這個負荷階段做得正確，那麼下一個階段，在深蹲中將槓鈴推回到鎖死位置，或是上述運動回到擊球位置，就會變得容易。深蹲就像高爾夫揮桿和網球反手拍一樣，因為都是一個連鎖反應。

你應該開始像高爾夫和網球職業選手一樣，將你要做的訓練 (training) 視為一種練習 (practice)。當你開始**練習**深蹲，就會很快發展這種技術，而不會漫不經心地舉起槓鈴了。

最重要的是，優秀的運動員會透過使用更好的技術使自己脫穎而出。在健力運動中也是如此。我可以深蹲 551 公斤（1,214 磅），但我的隊友們做不到。我的技術比他們的好，這是我比他們深蹲更重的唯一原因嗎？當然不是，但這是一個重要因素。

無論你是初學者還是進階訓練者，你的深蹲技術可能都有提升的空間。將本章節中的技術建議納入每次深蹲練習中。

通常需要幾百次（大約 500 次）的練習才能使一個動作變得自動化，這樣你就可以在不經思考的情況下完成。然而，要糾正錯誤的動作模式並重新養成，需要數千次的練習（大約 3,000 次）。訊息很明確：每次練習都要做對事情，不要把任何一次的反覆動作視為理所當然，即使做空槓熱身也是如此。

修正深蹲問題

對於改善深蹲技巧，無論你遇到什麼問題，帕維爾的面向牆壁深蹲都將有所幫助。這個動作可以作為深蹲熱身的一部分。如果你的技術很好，1 組 8-12 次就足夠了。然而，如果你是初學者或意識到你的技術不好，那麼就需要更積極的方法。嘗試以下方案：

- 在深蹲之前，做面向牆壁的深蹲 3-4 組 8-12 下。
- 在不深蹲的日子，做面向牆壁的深蹲 3-4 組 8-12 下（這可以在家裡完成）。

要去留意你怎麼完成這些動作，慢慢來，正確地做，並在每組之間休息至少 1 分鐘。如果你隨意地完成這些動作，而不注意技術，那麼你的深蹲技術就不會有所改善。做對了，就會有所改善。事情就是這麼簡單。

面向牆壁深蹲會是改善你深蹲動作所有面向問題的首選。這種動作對任何人都沒有害處，如果你目前的健力式深蹲動作很糟糕，反而對你大有幫助。

以下是其他常見深蹲問題的建議：

- 如果你在深蹲時有膝蓋內夾的問題，可以嘗試這個練習。取一條環型迷你彈力帶，對疊成原本一半的環，將彈力帶套在膝蓋下方。保持正常的深蹲姿勢，並完成動作。你會注意到繩子拉住了你的膝蓋，使你必須透過強行向外扭轉來作補償。在不深蹲的日子，嘗試只使用自體重量這樣做 2-3 組，每組 5-8 次。不久，你在深蹲時就能不加思索地保持膝蓋向外。

● 在深蹲下降過程中，如果你很難向後坐，就代表需要增強你的大腿後側肌群。將臀膕挺身、壺鈴擺盪和彈力帶腿部彎舉加入你的訓練計畫。如果你第一次嘗試時無法完成一個臀膕挺身，那麼你就知道你的大腿後側肌群需要鍛鍊。

● 從深蹲最低點站起來的過程中，如果你會過度向前傾斜，使得你的深蹲看起來像是一個良好的早安運動，那麼在接下來的幾週，將前蹲舉、澤奇深蹲或高腳杯深蹲加入你的訓練計畫。這些深蹲動作是前端負荷，會迫使你保持軀幹更加直立，還會大大地鍛鍊你的核心肌群。

● 使用安全深蹲槓 (Safety Squat Bar, SSB) 是矯正上述狀況的另一個選擇。這個巧妙設計的槓會把你向前拉，強迫你努力保持更直立的姿勢來抵消它的邪惡拉力。這對你的上背部有很大的鍛鍊作用，並且會讓你覺得用普通槓深蹲要容易得多。這還有個額外的好處，許多訓練者發現，使用安全深蹲槓執行一個訓練週期後，他們的硬舉成績也會大幅提高。

- 如果你的上背部難以保持繃緊，可以拿一個迷你或輕型的彈力帶，在胸前做一些拉開彈力帶的動作。用兩隻手握住彈力帶，雙臂向前伸直，與地面平行。透過將手臂向兩側拉開來將彈力帶「分開」，這個姿勢會讓你感覺到上背部非常緊繃。保持這個姿勢，數個兩下，然後反覆做個幾次。深蹲時，嘗試在上背部再現這種感覺。

給新手的建議

如果你是深蹲新手，而且姿勢還不夠好，就先不要考慮在深蹲時增加任何超過空槓的負荷，你需要完美的練習。而「練習造就完美」這句話也不完全正確，實際上，練習造就常駐。如果你想盡快掌握出色的深蹲技巧，就要做到完美的練習。

以下是你需要做的：

- 每段（session）練習開始時，先做 3-4 組面對牆壁深蹲。
- 第 1 段練習，只用空槓深蹲 5 個完美的反覆次數；第 2 段練習，再做 1 組；第 3 段練習，增加第 3 組 5 次反覆 …… 依此類推。繼續進行，直到你能做到 5 組 5 下完美動作。每組的反覆次數不要超過 5 次，因為做 5 次的完美動作比做 10 次或 15 次要容易得多。懶散馬虎的姿勢就留給追求高反覆次數的健美運動員去用吧，力量型運動員需要完美的姿勢，低反覆次數將確保這一點。
- 現在你可以逐步增加重量，一次增加一點。始終以小幅度增加重量，1.25 公斤槓片會是你的好朋友，尤其在學習新動作時。
- 當你剛開始學習這樣的深蹲，可以每天做。這將加快學習過程，而且由於重量還不夠重，你也不需要在練習之間休息幾天才能恢復。

冠軍的技術：快、緊、不失敗

避免訓練時出現失敗

 在肌力訓練，失敗有兩種意思。

第一種失敗，是當你實在舉不動槓鈴。例如，當你將槓鈴降到胸部，卻無法抬起 1 英寸，那就是失敗。

第二種失敗，是指你的動作姿勢在訓練中崩潰的那時候。這通常稱為「技術失敗」。舉例來說，當你在硬舉訓練中使用完美姿勢拉了 5 次 142 公斤（315 磅）。然而，當你接著再拉 2 次，結果你的姿勢跑掉了，第 6 和第 7 次你看起來就像隻嚇壞的貓。在這裡，技術失敗發生在第 6 次。

訓練時，我盡量避免以上兩種失敗，因為這不是變更強的必要條件。

如果你遵守「永遠保留 1 次的力量」原則，就不會出錯。

如果你不採用這個建議，而是選擇訓練到失敗為止，就可能會發生：

- 技術變差：因為你做了許多超過技術失敗點的不良反覆次數。
- 過度訓練：我觀察到，跟我一起訓練的人之中，那些經常失敗的人最大的問題會是恢復慢，需要最多的減量週。
- 受傷：訓練到失敗很危險，容易受傷。比賽時才使用全部力量。如果你沒有要參加比賽或其他運動，肌力訓練時就要完全避免失敗。

關於繃緊身體

不管你是剛開始做肌力訓練，或是想要打破現有的世界紀錄，都有許多拼圖需要掌握。

相信我，我曾和許多強壯的傢伙一起訓練，他們都有自己的風格。這些人有爆發型和硬撐型（grinder），有窄站姿深蹲和寬站姿深蹲，也有傳統硬舉和相撲硬舉，使用弓背和圓背，我全都見過。

無論如何，這些強壯的訓練者全都有一個共同點：他們知道如何**繃緊身體**。

沒有繃緊，就沒有肌力。

所有最棒的舉重選手都比業餘選手繃緊得還要好，就這麼簡單。

問題在於，你要如何學會繃緊呢？

以下就是方法……

平板式支撐，忘掉原本那種撐 90 秒的訓練，而是從頭到腳開始用力揪擠繃緊，持續 10 秒。

拿藥球砸向腹部實在很痛，但這很可能是你學會如何繃緊腹肌最快的方法。

最後，不管是什麼重量或做什麼運動，你每 1 組每 1 下的所有動作都必須盡所能牢牢收緊你的拳頭、背闊肌和腹肌。你一定要繃緊。

P 我第一次和一名職業腕力選手較量時，輸得一敗塗地。戴夫·鮑爾（Dave Bauer）在我們握手之前，就用最大的張力讓他的肌肉充分蓄力，直到他顫抖不已。一喊開始，他一下子就把我的手臂扳倒在桌子上。作為一位腕力競賽的世界冠軍，體重僅有 53 公斤（117 磅）的戴夫能夠輕鬆擊敗體型比我大的業餘選手。他能夠事先將肌肉繃緊控制得如此嫻熟，這是他取得勝利的關鍵。

根據前蘇聯的研究，等長收縮時繃緊肌肉可提高 20% ❷動態收縮運動表現。所有菁英級腕力選手、舉重和健力運動員、大力士和體操選手都知道這一點。

無論是否意識到，他們全都精通預應力（pre-tension）。

知名健力選手厄尼·法蘭茲（Ernie Frantz）戲稱：「我把自己變成一條橡皮筋，準備好接受重量，然後再把這些重量彈回去。」他憑著直覺，掌握住正確的訓練方法，並撰寫了《厄尼·法蘭茲的健力十誡》（Ten Commandments of Powerlifting），而此書罕見地被譯成了俄文。他解釋說：「如果身體繃緊，就可以承受任何的衝擊。如果有人給你肚子來一拳，可能會很痛，但如果你先繃緊肚子肌肉，就不會痛……」。

在大重量深蹲回槓、完成大重量硬舉，或進行其他大重量訓練之前，你需要練習最大程度地收縮肌肉，這是所有頂尖的運動員都能夠做到的事。

以下三個自我矯正的練習，將幫助你盡快掌握這種預應力的技巧，並教你如何在整個訓練過程中保持繃緊。

倒提壺鈴式上膊推舉

雙手手掌沾上止滑粉，取一個壺鈴，放在距離你腳前方約 1 英尺（30 公分）處，使壺鈴握把跟你的肩膀兩相垂直，你的雙腳站寬則與做壺鈴相撲硬舉時的雙腳站寬相同。

靠在壺鈴上，拇指和手指牢牢握好握把。握把應與你掌中的繭平行。盡可能將手指環繞住握把，並在吸氣時握緊。

將重心移到雙腳後跟，將壺鈴拉向你傾斜。

將壺鈴擺盪到你的腿間，然後往前方擺盪，保持背部平直。這個動作與本書第二部中描述的壺鈴擺盪一樣。

「控制動作弧度」，用爆發力讓壺鈴更靠近你。同時鎖死膝蓋，收緊臀部，保持靜止，握好壺鈴握把，並像示範照片一樣，倒提壺鈴。

保持三頭肌緊貼肋骨，同時鼓起你的背闊肌，來提供一個穩固的平台。可能需要一些時間弄清楚這種感覺。然後你必須將握把捏爆，並保持整個身體像雕塑一樣繃緊。

準備好接下來要如何避開落下的壺鈴。要注意，不要試圖挽救失敗的動作。

靜止 1 秒鐘左右。讓手肘在壺鈴下方對齊好，同時捏爆壺鈴握把，來和壺鈴保持平衡，不要像馬戲團小丑一樣扭來扭去。

準備好就鬆開，讓壺鈴落到雙腿之間，接著做下一個新的反覆。

緊……鬆……緊……鬆。壺鈴上升或下降時，完全放鬆肘部周圍的肌肉，動作到最高點時，繃緊每一塊肌肉。動作過程中，如果你沒有放鬆到二頭肌，就不要做太多反覆次數，因為這個訓練可能會對手肘造成負擔。要有耐心。

等到你掌握了倒提壺鈴的上膊動作，就開始練習壺鈴推舉。為此，你將需要學會保持前臂垂直，並使用你的背闊肌，這是進階肌力技能，可以轉移到你的臥推動作上。

前美國女子 IPF 健力隊教練、StrongFirst 認證教官馬克·瑞福凱德表示：

「我一直在不同訓練日做很多倒提壺鈴式上膊（bottoms-up cleans）推舉。這讓我注意到一件事情，倒提壺鈴式上膊推舉和臥推之間涉及的肌肉、所需的身體位置以及它們的啟動順序，具有驚人的相似性。

「第一，前臂在倒提壺鈴式上膊推舉動作中，前臂**必須**垂直於地面，才能穩定重量，這點與臥推相同。其次，手要握得非常緊，重量必須落在手掌根部，這點也適用於臥推。第三，也許最重要且相似的是，這兩者最低處時的穩定姿勢，背闊肌都必須大量參與。肱三頭肌必須真的貼到背闊肌上。第四，背闊肌**必須**先發力，以啟動推力。第五，肩膀必須保持在關節窩內，才能發揮任何肌力……這點也適用於臥推。

「整個推舉過程中，背闊肌也必須保持參與，否則手肘會擺動，推舉或臥推力量會消失。**而且**，更重要的是，肩部會嚴重失去穩定。這就是推舉時旋轉肌袖受傷的原因。

「當我的右側有奇怪感覺，而我無法妥善穩定背闊肌時，就不會做一般的壺鈴推舉。我用倒提壺鈴式推舉來替代背闊肌的穩定訓練，哇，真是大不相同！

「我訓練我的健力搭檔做這個動作，而且他真的把倒提壺鈴式推舉與他的臥推聯繫起來。背闊肌才是關鍵。此外，你必須在整個動作過程中保持完全繃緊，否則它會在一瞬間崩潰。好東西。」

供你參考：喬治‧哈爾伯特（George Halbert）和唐尼‧湯普森（Donnie Thompson）都曾經靠著做倒提壺鈴推舉，來增加他們巨大的臥推力量。

在執行過程中，為了保護你的背部，你需要保持臀部繃緊。也要保持膝蓋鎖死，腹部繃緊。要做好倒提壺鈴推舉，別無他法。

一定會有一邊相對較弱，就努力提升較弱的那邊。頂尖運動物理治療師格雷・庫克（Gray Cook）和我的同事布雷特・瓊斯（Brett Jones）教導我們，要是修正了倒提壺鈴訓練中表現出來的不對稱性，能帶來巨大的肌力和恢復力提升效果。

一旦你的左邊和右邊幾乎達到平衡，掌握了技巧，並完善了你的壺鈴擺盪，就可以考慮增加雙手倒提壺鈴推舉。上膊後，你也可以改成窄站姿。

雙手倒提壺鈴推舉可能會有點棘手，要有失敗的預防計畫。

倒提壺鈴負重行走

這個運動將幫助你在執行大重量深蹲時，更安全、更強壯。麥吉爾教授就說道：

「每一次我與頂尖國際運動員合作時，都讓我對運動能力的了解更加深入。我們都聽説過，擁有強壯核心肌群可以增加身體其他部位的肌力。經驗告訴我們，這是千真萬確，但是我對機制的解釋並不完整。幾年前，在分析『大力士比賽』的選手時，我加深了自己的見解。

「首先，我們測量運動員的肌力能力，其中之一是髖部外展。然後，我們量化了各種比賽中的任務、肌力需求和關節力學。有趣的是，他們在龍門架負重行走 (Super Yoke) 和行李箱負重行走等等比賽中需要更多的髖部外展力量，而這些力量卻超過了他們的髖部所能產生的力。他們如何能夠完成超過關節所能產生的力量的壯舉呢？

「想想龍門架負重行走比賽，選手需要將幾百磅的重量用肩膀扛起。沿脊柱向下的軸向負荷穿過骨盆到支撐腿，讓另一條腿抬起並移動。這需要髖部外展來橫向抬起骨盆，但顯然所需的肌力遠超過髖部所能產生的力量。缺失的肌力來自核心肌群（讓兩腿交互移動的腰方肌和腹斜肌），讓骨盆得以抬起。現在再想像一下足球運動員在快速轉向時會將腳穩穩踩在地上。強壯且剛性的核心有助於將髖部爆發力傳遞到身體連結處，不會有能量損失，從而實現更快的轉向。這與龍門架負重行走動作的性能提升機制相同，但在傳統健身房訓練中並未涉及。

「這次經歷促使我們尋找最佳的訓練方法。我們對行李箱負重行走這類不對稱負重方式進行量化，發現腰方肌和腹壁在創造這種獨特但至關重要的運動能力方面受到挑戰。然而，在與帕維爾合作時，我們嘗試了壺鈴負重行走（單手負重）。傳統置放方式是將壺鈴靠在前臂背部（手部位置靠近胸部，就像要開始做過頭推舉一樣），這可以幫助骨骼有問題的人減少肩部夾擠的狀況。然而，更好的方法是倒提壺鈴負重行走。在這裡，將壺鈴自下而上倒置握住，肘部緊貼身體，壺鈴置於頭部旁邊。核心肌群保持剛性以控制壺鈴，防止壺鈴在手中旋轉。現在，迅速行走。保持核心肌群剛性是防止壺鈴位置跑掉的關鍵。

「我相信，每個旨在提高運動能力的綜合訓練計畫都需要一個負重行走訓練。倒提壺鈴負重行走是其中的基本元素。這種方法以及其他提高運動表現的技巧可以在《終極腰背健身與表現》（*Ultimate Back Fitness and Performance*, www.backfitpro.com）一書中找到。」

倒提壺鈴前置爆發深蹲

以爆發深蹲站姿做出倒提壺鈴上膊,接著做深蹲。首先,你需要掌握倒提壺鈴上膊的技巧。

預先作好可能會失敗的準備。如果壺鈴要往下掉了,就把它扔開。試圖挽救一個失敗的動作很容易受傷,不要這麼做。就像在上膊和推舉一樣,要積極消除你身體兩側之間的不對稱,再嘗試雙手動作。

我對於速度和補償性加速的想法

 我是一名爆發力型運動員。一直都是，也將永遠如此。

年輕時，我體重 108 公斤（238 磅）（而不是現在的 166 公斤／365 磅），我可以在 11 秒內跑完 100 公尺，這對一個大個子來說，算是相當快了。

有鑑於此，我支持所有舉重運動員進行爆發力訓練，並且喜歡補償性加速訓練（compensatory acceleration training, CAT）的概念。

在談論速度和爆發力訓練動作之前，先提醒一下：槓鈴上的重量尚未加載到最大重量的 40% 之前，切勿進行爆發力訓練。這樣才能盡量避免關節鎖死時過度伸展。

警告完畢，讓我們繼續……

補償性加速訓練，就是在動作的向心階段盡快加速槓鈴。無論槓鈴上加載的重量是最大重量的 50% 還是 105%，都要盡力快速推動槓鈴。

當然，在接近最大重量時，槓鈴不會移動得很快，但你必須努力嘗試。正如路易‧西蒙斯所說，你不能慢慢地移動一個很重的重量。

在所有訓練中，使用爆發式動作比慢慢努力舉起重量多了幾個好處：

- 教導你侵略進取。
- 培養速度。天生速度快的訓練者會變得更快，硬撐型訓練者也會變得更快。
- 速度可以幫助你突破障礙點，彷彿它們不存在一樣。

在動作的下降（離心）階段，也應盡可能在保持控制下，快速地降低槓鈴。保持控制，除非你想在臥推的過程中弄壞自己的肋骨，並在深蹲時落到最低點後動彈不得。

盡可能快速執行動作時，有兩個重要的原則：

1. 你的姿勢要保持一致。

無論槓鈴重量是最大重量的 50% 還是 100%，槓鈴的移動路徑都必須相同。我曾看到訓練者以非常驚人的速度舉起他們最大重量的 60%，但他們的最大重量卻好幾年都沒有進步。原因很明顯：他們在快速舉重時所使用的路徑，與執行最大重量時的路徑不同。

這在硬舉運動中尤為明顯。要保持全身緊繃才有用。

2. 務必保持繃緊。

在努力提高速度時，可能會有人在較輕的重量時失去繃緊的感覺，但要保持繃緊。

要記住：在大重量訓練裡的每一個動作都會用到鋼鐵般的腹肌、背闊肌和拳頭。

有人說得很對，對於任何運動的初學者或中級運動員來說，提高他們的絕對肌力是最簡單的進步方法。我同意這個觀點，因為當肌力提高時，很多其他的能力也會隨之提高。

然而，如果我們觀察各種運動，速度往往是區分菁英運動員和一般優秀運動員的關鍵。

在拳擊和綜合格鬥 (MMA) 中，速度無敵（事實幾乎就是如此）。

在中距離徑賽中，往往是擁有終點前衝刺能力的運動員獲得勝利。

在網球中，快速的發球是強大的武器。

在足球中，快速的前鋒是對手後衛的惡夢。

有史以來最卓越的高爾夫運動員是一位頂尖運動員，他揮桿非常迅速：老虎伍茲（Tiger Woods）。

我可以繼續舉例，但事實已經很明顯了。

一般來說，速度在所有運動中都是致勝的關鍵。請注意，我尊重飛鏢、西洋棋、撞球等項目，但我不把這些參賽者稱為「運動員」，也不認為這些是運動。這些是遊戲……並非不如運動，只是不同而已。

肌力世界裡也有不少慢慢硬撐型的訓練者，但如果你不確定快速舉重者的表現如何，可以留意以下這些名字，想想他們的稱霸紀錄以及他們舉起重量的速度有多快：瑪麗烏斯·普吉亞諾夫斯基（Mariusz Pudzianowski）、任何舉重選手（舉重動作絕不可能慢）、安德烈·別利亞耶夫（Andrey Belyaev）……和我。

最終，選擇在於你。慢慢硬撐確實可以奏效，但我個人更支持盡可能地快速舉重。如果你參加運動比賽，並使用舉重訓練來提高在那項運動中的表現，那麼你是怎麼比賽，就應該用一樣的方式舉起重量。最好的選手在每次比賽中都能保持快速，而且在每項運動中也都如此。

最後一個值得思考的是：雖然我沒有科學數據來支持這一點，但我的直覺告訴我，快速舉起重量對肌肉和關節的負荷要比緩慢的努力還要小。想想看，當我舉起 457 公斤（1,008 磅），我必須產生超過 457 公斤的力量，這對身體來說是很大的負荷。我會寧願這種負荷持續 4 秒還是 15 秒？我將這一點留給你們自己去思考和得出結論。

P 速度絕不能以犧牲張力為代價。

快速舉起最大重量的 50%，並不需要高度的張力。不幸的是，如果你不專注於保持繃緊，你只會擅長快速舉起輕重量，這是一種俄羅斯科學家稱之為「高速肌力」的特質。然而，你將無法看到自己的最大肌力有任何進展，你在練習的是一種完全不同的技能。

因此，在嘗試提高速度之前，先學會如何繃緊。

羅伯‧勞倫斯 (Rob Lawrence) 提出了一個極具洞見的觀察：

「訣竅是在不犧牲維持負荷所需張力水準的情況下，盡可能快速移動。如果你想要快速地將雙手手臂伸展到身體前方，那麼手臂就應該盡可能地放鬆，但如果你想做一次臥推，速度將受到支撐槓鈴所需維持的張力限制。

「初學者應首先強調張力！如果你一開始就試圖教導速度，訓練者會將『快速移動』與『做出抽搐般的動作』混淆。這是兩回事。這就是為什麼帕維爾的書《身體的力量》(Power to the People!) 強調張力至上。一旦你具備了必要的張力基礎，就可以開始嘗試提高速度。」

提升肌力和肌肉量該怎麼吃

A 在這章節，我將要討論一個缺點，這個缺點不僅阻礙了舉重訓練者，甚至阻礙了整個西方世界。

現在讓我告訴你一個冷酷的事實：沒有健康，你一無所有。

說真的，沒有健康，其他一切都無關緊要。

那為什麼在健力比賽中，我們會看到運動員大吃特吃白麵包、廉價乳酪、火腿三明治或巧克力棒？

為什麼心臟病和癌症以可怕的方式籠罩著全世界？根據統計，我們之中有 80% 的人將不幸患上這些疾病中的一種。

為什麼我看到有人用優良的技術和「最佳」計畫訓練 3 個小時……但在那段時間裡他們一口水都不喝？

他們在訓練時處於脫水狀態！

過去我也曾忽略我的營養，但現在這是我非常重視的部分。

我想分享一些原則，這些原則將提高你的肌力和健康。

提高肌力和健康的 10 個原則

1. 保持水分充足

每天至少喝 2 公升的水，不包括運動期間的營養補充。你越大隻、越活躍，需要的水分就越多。

試著在每公升的飲水中加入一撮凱爾特海鹽（celtic sea salt）或喜馬拉雅玫瑰岩鹽（pink Himalayan rock salt）。這個小祕密將大大提高你的水分補充程度。

水分補充越好 = 表現越好，就這麼簡單。

2. 運動期間營養規則

令人驚訝的是，仍然有很多人在訓練期間什麼都不喝。但忽視鍛鍊期間的營養是相當愚蠢的事情。

而那些仍然建議在訓練後吃 Skittles 能量飲料和 Mars 巧克力蛋白棒的教練們，真是丟人現眼。

跟上時代吧。

以下是一位優秀運動員在訓練前、訓練中和訓練後喝的補充品：

●訓練前 1 小時：半公升水、BCAAs（支鏈胺基酸）、碳水化合物。
●訓練期間：半公升水、BCAAs、碳水化合物。
●訓練後立即補充：蛋白質、碳水化合物。

很簡單吧？開始實施這些做法，你的肌力將迅速提高，保證有效。

3. 每天至少攝取 5 份水果和蔬菜

好吧，這個建議可能不那麼吸引人，但對你的健康至關重要。勇敢面對，去做吧：每天至少吃 5 份水果和蔬菜。

每種各 5 份會更好！

特別強調：每週吃下的水果和蔬菜，種類要多、顏色要豐富。不要只吃香蕉和馬鈴薯（都是黃色），要吃香蕉、草莓、菠菜、櫻桃、柳橙等各種顏色的水果和蔬菜。

明白了嗎？

4. 品質很重要

不幸的是，現在的食物品質並不總是那麼好，所以要選擇你負擔得起的最好品質。

不要喝自來水，選擇瓶裝水或過濾水。

盡可能選擇有機食品，這是毫無疑問的事情。你應該明白，有機真的很重要。

5. 攝取多種蛋白質

- 草飼牛肉。
- 有機雞肉。
- 阿拉斯加野生鮭魚。

不要像某些健美運動員那樣 1 天吃 8 次雞肉，這樣做會讓你感到厭倦，而且缺乏多樣性對身體也不健康。

尤其是在肉類方面，**品質超級重要**。因此建議選擇草飼、阿拉斯加野生、有機、放牧等等的食材。

6. 攝取充足的健康油脂

每天攝取 2-4 甜點匙（約 20-40 毫升）：

- 椰子油。
- 特級初榨橄欖油。

每天攝取 2-4 茶匙（約 10-20 毫升）：

- 魚油。

7. 選擇健康的碳水化合物

白麵包、貝果、糖果、蛋糕和義大利麵都不行！

糙米、斯佩爾特小麥麵條、發芽小麥麵包才是正選。改變一下，感受其中的差別。

8. 每天吃一份大的生沙拉

這非常重要，吃這種沙拉時，可搭配魚、雞肉或肉類：

- 綠葉蔬菜（菠菜、生菜等）。
- 番茄。
- 小黃瓜。
- 2-3 種你喜歡的蔬菜。
- 橄欖油、檸檬汁。

烹煮食物時，往往會破壞食物中的酵素、部分維生素和礦物質。每天一份生沙拉可以幫助你攝取充足的酵素、維生素和礦物質，這些都對你的健康至關重要。

9. 曬太陽或補充維生素 D

與許多疾病的成因，都與維生素 D 含量不理想有關。除非你每天至少在陽光下裸上身工作 1 個小時，否則你很可能缺乏維生素 D。

購買維生素 D 補充品，每天服用。選擇 D3 類型，每天至少攝取 1,000 國際單位。

10. 攝取瑪卡粉 (Maca Powder)

這種補充品是一種天然的睪丸素增強劑，對你的肌力和床上表現非常有益。

每天至少攝取 1 茶匙瑪卡粉，可以加入奶昔或冰沙中。

我剛剛和你分享的知識非常有價值，搞定營養問題，你的肌力將會突飛猛進。

我給你的挑戰是，勇敢擺脫罐頭、包裝和加工垃圾食物，開始給你的身體補充優質食物。你的深蹲、臥推、硬舉和健康都將因此受益。

週期化訓練：
簡單高效，讓你拉更重

A 有很多方法可以讓你變得更強壯。事實上，如果你在接下來的 1 週內在網上研究不同的訓練方法，你可以找到數十種有效的方法。的確，有些方法比其他方法更好，但重點是，你有很多選擇。

麻煩在於，大多數訓練者有太多選擇，而這些選擇實際上讓他們無法專心善用時間好好在健身房中訓練。他們都不去挑一個課表認真運用並深入了解，努力從中獲得最大可能的肌力增長。反之，他們總是從一種課表跳到另一種課表，從未在任何一種訓練方法堅持過幾週。

不用說也知道，這些訓練者因為停滯不前而感到沮喪和困惑。在這個章節，你將探索一種簡單且高效的方法，可以增加你硬舉（以及深蹲、臥推和肩推，如果你也在意這些項目）的重量。你將在這裡學到的訓練方法稱為「週期化訓練」。

週期化訓練並不花哨，這不是「尖端技術」，也不需要高等數學學位才能理解，這就是美妙之所在。這個章節結束時，你將學到這一種人類已知最有效的訓練方法，以及所有的必要知識。

毫無疑問，週期化訓練一直是有史以來一些最成功的健力選手和力量型運動員的首選訓練方案。我用週期化訓練法達到深蹲 551 公斤（1,214 磅），硬舉超過 454 公斤（1,000 磅）。有史以來最好的健力選手艾德·科恩，也偏愛週期化訓練。無論你的體重或目前擁有的肌力水準如何，都可以使用週期化訓練來變得更強壯。

關掉手機，關閉 Facebook，專心了解其中細節。

週期化訓練到底是什麼？

週期化訓練是一種建構訓練課表的方式。

對於使用週期化訓練方法的任何給定訓練週期，你將從適中的重量開始，結束時能舉起大重量（希望是你個人最佳成績）。

要了解這是如何運作的，看看以下範例：

訓練者 A 的硬舉 5 次反覆最大重量（RM）為 102 公斤（225 磅）。目標很簡單，就是增加 5RM 的重量。

以下是如何使用簡單的 6 週爆發週期來實現這一目標的方法：

第 1 週：84 公斤（185 磅）×5 次

第 2 週：88 公斤（195 磅）×5 次

第 3 週：93 公斤（205 磅）×5 次

第 4 週：97 公斤（215 磅）×5 次

第 5 週：102 公斤（225 磅）×5 次

第 6 週：107 公斤（235 磅）×5 次（最後個人紀錄紮實的增加 4.5
公斤〔10 磅〕作收）

正如你所見，這個週期化訓練沒有什麼複雜或花哨的地方，但它能完
成任務。

第 1 週從相對適中的 185 磅 ×5 次開始。然後，每週訓練者 A 都增
加 4.5 公斤（10 磅），到第 6 週達到超過個人最佳成績 10 磅的 107
公斤（235 磅）。這種訓練方法透過輕鬆開始週期來防止精疲力竭。
你還應該注意到，週期開始時，重量也不會輕到讓運動員流失肌力。

需要注意的是，在頂級組之前需要執行幾個熱身組。例如，在第 6
週，訓練者 A 的硬舉訓練可能是這樣：

第 1 組：61 公斤（135 磅）×5 次

第 2 組：61 公斤（135 磅）×5 次

第 3 組：84 公斤（185 磅）×3 次

第 4 組：102 公斤（225 磅）×1 次

然後進行最大重量的第 5 組：107 公斤（235 磅）×5 次

你現在已經了解週期化訓練如何運作了，以下是你需要記住的幾個關鍵點：

- 用中等重量開始你的週期。

- 從一個訓練週期到另一個訓練週期，選擇合理的增量，根據你的肌力水準，增量範圍可以在 2.25-22.5 公斤（5-50 磅）不等。

- 旨在透過達到個人最佳成績來完成週期。

- 達到顛峰後，重新以中等重量開始，目標是循環到一個新的個人最佳成績。

經過嘗試和測試的循環變化

這個例子非常簡單，為你提供了週期化訓練運作的基本理解。以下你將看到非常靈活的循環，無論你目前的肌力水準如何，都可以根據自身需求調整。

初學者的週期化訓練

如果你是舉重的新手，希望盡快提高硬舉的力量，你的訓練計畫其實不必太過複雜。

這裡有一個充分利用新手增益來執行週期化訓練的好方法。為了方便起見，假設你已經掌握了硬舉的姿勢，並且可以拉 61 公斤（135 磅）做 5 次。最簡單的進步方法，就是每次訓練時只要在槓上增加約 2.25 公斤（5 磅）。簡單得很，而且有效。以下是課表範例：

訓練 1：61 公斤（135 磅）×5 次

訓練 2：63.5 公斤（140 磅）×5 次

訓練 3：65.7 公斤（145 磅）×5 次

訓練 4：68 公斤（150 磅）×5 次

訓練 5：70 公斤（155 磅）×5 次

訓練 6：72.5 公斤（160 磅）×5 次

依此類推。你應該明白了。

這不是什麼尖端科學，但對於新手來說，由於具有達到肌力增益所需的一致性，效果大到你難以想像，只要你能堅持這種簡單的課表就好。你可以每週拉 1-2 次，甚至可能 3 次。無論你選擇哪個選項，都要記住，穩中求勝才是成功之道。

舉重訓練是一場長跑馬拉松，而非短跑衝刺。

如果你是新手，每次訓練增加個 2.25-4.5 公斤（5-10 磅），就不能再多了。如果你忽略這些建議，會增加受傷風險，而且你的高原期也會比保守方法更快到來。想像一下這種循環方式的潛在成果。你從第 1 週開始，硬舉 61 公斤（135 磅）5 次。假設你採取適度的課表，每週只硬舉 1 次，並選擇每次拉時只增加 2.25 公斤（5 磅）。

到了第 10 週，你硬舉的數字來到 84 公斤（185 磅）5 次，繼續努力，到了第 20 週，你已經達到了可觀的 107 公斤（235 磅）5 次……依此類推。相比之下，在健身房鍛鍊了 20 週之後，健身房那些健身狂仍然不知道什麼是硬舉！

無論週期化訓練多麼出色，你遲早都會遇到停滯期。例如，在第 21 週，你應該達到 108 公斤（240 磅）5 次，但你可能在訓練中只能完成 108 公斤（240 磅）3 次。很顯然，是時候減少重量幾週，然後再繼續提高。

在這個階段，你要準備好採用更具結構的週期化訓練。

中階和高階訓練者的週期化訓練

當你達到中階肌力水準，應該已經能了解什麼適合、什麼不適合你了。在計畫你的訓練週期時，建議考慮以下變量：

- 訓練週期的長度：可以排 4-12 週。

- 每週的重量增加幅度：你越強壯，增加的幅度可以越大。一些訓練者更喜歡在週期一開始時先減輕重量，然後每次增加的幅度較大。有些人則喜歡開始時稍重一些，保持整個週期的強度，每次訓練之間增加的幅度較小。無論哪種方式，你的目標都必須是在週期結束時比開始時更強壯。

- 最高重量組的組數：做 1 組還是 2 組？兩種選擇都不會有人阻止你。你可以嘗試一下看看哪種方法最適合你。事實上，你可以並應該在每個週期中改變不同做法。

- 使用多少次反覆次數：如果你是肌力訓練的新手，並希望同時增加肌肉，那麼每次 5 組無疑是最佳選擇。然而，隨著你變得更進階，重量較大的 3 組、2 組和單組，可能對保持肌力增長非常有用。如果你決定參加健力比賽，低反覆次數將是你訓練中必不可少的部分。

- 定期線性週期、波浪週期或階梯式週期：你不必每週或每次訓練都增加相同重量。波浪和階梯式週期允許你在訓練週期中建立更輕鬆和更困難的訓練環節。這在生理和心理方面都會有所幫助。

- 每週訓練次數：你打算每週訓練硬舉 1 次、2 次還是 3 次？

接下來，讓我們來看一些可以用來增強硬舉、深蹲和臥推力量的週期化訓練變化。

以下是一個為期 6 週的常規爆發力週期化訓練的範例，針對硬舉 5RM 為 143 公斤（315 磅）的訓練者：

第 1 週：124 公斤（275 磅）×5 次

第 2 週：129 公斤（285 磅）×5 次

第 3 週：134 公斤（295 磅）×5 次

第 4 週：139 公斤（305 磅）×5 次

第 5 週：143 公斤（315 磅）×5 次

第 6 週：147 公斤（325 磅）×5 次（很好，個人紀錄增加 10 磅）

在這個週期之後，訓練者可以重新開始，這次每週跳升的重量更大，實際安排看起來會像這樣：

第 1 週：102 公斤（225 磅）×5 次

第 2 週：111 公斤（245 磅）×5 次

第 3 週：120 公斤（265 磅）×5 次

第 4 週：129 公斤（285 磅）×5 次

第 5 週：139 公斤（305 磅）×5 次

第 6 週：152 公斤（335 磅）×5 次（個人紀錄再增加一個 10 磅）

這 6 週週期結束時，訓練者有兩個選擇，一個是將重量降低，然後努力回到另一個 5RM；如果第 6 週的重量感覺不太吃力，就繼續前進。

後者的選擇看起來是這樣的：

第 7 週：161 公斤（355 磅）×5 次（另一個個人紀錄增加 10 磅）

第 8 週：170 公斤（375 磅）×2 次（另一個個人紀錄增加 10 磅，
　　　　但不是理想的反覆動作）

到了這個時候，這個人就需要開始新的週期了。

你可能還會想嘗試較短、較積極的週期，或者更長、更緩慢的週期。以下是兩種方法的範例，是以一名硬舉最佳 5RM 為 165.5 公斤（365磅）的訓練者為例。

以下是如何執行 4 週爆發力週期的範例：

第 1 週：141 公斤（310 磅）×5 次

第 2 週：150 公斤（330 磅）×5 次

第 3 週：159 公斤（350 磅）×5 次

第 4 週：168 公斤（370 磅）×5 次（個人紀錄紮實的增加 5 磅）

開始下一個週期，目標以 170 公斤（375 磅）×5 次結束：

第 1 週：143 公斤（315 磅）×5 次

第 2 週：152 公斤（335 磅）×5 次

第 3 週：161 公斤（355 磅）×5 次

第 4 週：170 公斤（375 磅）×5 次（另一個個人紀錄增加 5 磅）

以下是如何使用 12 週爆發力週期的範例：

第 1 週：125 公斤（275 磅）×5 次

第 2 週：129 公斤（285 磅）×5 次

第 3 週：134 公斤（295 磅）×5 次

第 4 週：139 公斤（305 磅）×5 次

第 5 週：143 公斤（315 磅）×5 次

第 6 週：147 公斤（325 磅）×5 次

第 7 週：152 公斤（335 磅）×5 次

第 8 週：157 公斤（345 磅）×5 次

第 9 週：161 公斤（355 磅）×5 次

第 10 週：165 公斤（365 磅）×5 次

第 11 週：170 公斤（375 磅）×5 次

第 12 週：175 公斤（385 磅）×5 次（個人紀錄增加 20 磅）

這個週期結束時，訓練者就重新開始，這一次重量增加 4.5 公斤（10磅），目標是在 12 週週期結束時，達到 179 公斤（395 磅）5 次。

除非你正在為特定比賽備賽，否則只要感覺良好，你始終可以選擇延長爆發力週期。舉例來說，如果你計畫了一個 12 週的週期，能在第 12 週輕鬆完成個人紀錄增加組，那就繼續前進，直到你感覺無法再取得進步為止。只有在這個時候，你才應該放慢腳步，並開始另一個週期。

隨著你變得越來越強，你對何時延長週期的直覺將變得越來越敏銳。反之，你可能偶爾會過度期待循環週期的效果，或者生活中發生了可

能會干擾你睡眠和營養模式的事情。無論原因是什麼，你都知道在訓練週期結束時無法達到目標。如果是這種情況，那就放慢節奏，休息1 週以恢復精力，然後開始新的週期，這不是什麼丟臉的事情。在關於修復失敗週期的部分中，我們將向你展示如何做到這一點。

接下來是波浪週期。波浪週期比常規線性週期複雜得多，但可能非常有效。以下是一個 5RM 為 143 公斤（315 磅）的訓練者的範例：

第 1 週：129 公斤（285 磅）×5 次

第 2 週：136 公斤（295 磅）×5 次

第 3 週：141 公斤（305 磅）×5 次

第 4 週：136 公斤（295 磅）×5 次

第 5 週：141 公斤（305 磅）×5 次

第 6 週：143 公斤（315 磅）×5 次

第 7 週：141 公斤（305 磅）×5 次

第 8 週：143 公斤（315 磅）×5 次

第 9 週：147 公斤（325 磅）×5 次

第 10 週：143 公斤（315 磅）×5 次

第 11 週：147 公斤（325 磅）×5 次

第 12 週：152 公斤（335 磅）×5 次（個人紀錄增加 20 磅）

可以看出，波浪週期會是向前跨出兩步或三步，再退後一步，每次都稍微增加一點重量。如果你喜歡每週訓練 2 次硬舉，那就使用 6 週週期訓練的課表，如下所示：

第 1 週

週一：138 公斤（305 磅）×5 次

週四：147 公斤（325 磅）×5 次

第 2 週

週一：157 公斤（345 磅）×5 次

週四：166 公斤（365 磅）×5 次

第 3 週

週一：147 公斤（325 磅）×5 次

週四：157 公斤（345 磅）×5 次

第 4 週

週一：166 公斤（365 磅）×5 次

週四：175 公斤（385 磅）×5 次

第 5 週

週一：157 公斤（345 磅）×5 次

週四：166 公斤（365 磅）×5 次

第 6 週

週一：175 公斤（385 磅）×5 次

週四：184 公斤（405 磅）×5 次 （破紀錄）

波浪週期可以彈性調整，為訓練增添多樣化。如果你已經超越初學者階段，你就可以試試看。

階梯式週期，是第三種週期化訓練選擇。階梯式週期涉及每個重量重複 2 次，然後才在槓鈴上增加重量。這種方法很有效，因為第 2 次提起相同重量執行相同反覆次數時，感覺會比第 1 次容易得多。

以下是兩個階梯式週期的範例，第一個是硬舉 5RM 紀錄為 102 公斤（225 磅）的初學者，第二個是硬舉 5RM 紀錄為 225 公斤（500 磅）的高階運動員。

第 1 週：93 公斤（205 磅）×5 次

第 2 週：93 公斤（205 磅）×5 次

第 3 週：102 公斤（225 磅）×5 次

第 4 週：102 公斤（225 磅）×5 次

第 5 週：107 公斤（235 磅）×5 次

第 6 週：107 公斤（235 磅）×5 次

第 7 週：111 公斤（245 磅）×5 次（個人紀錄增加 20 磅）

在第 8 週從 95 公斤（210 磅）的重量開始，目標是重新拉起 113 或 116 公斤（250 或 255 磅）的個人紀錄重量。

對於能拉起 225 公斤（500 磅）訓練者來說，階梯式週期或許可以這樣安排：

第 1 週：183 公斤（405 磅）×5 次

第 2 週：183 公斤（405 磅）×5 次

第 3 週：193 公斤（425 磅）×5 次

第 4 週：193 公斤（425 磅）×5 次

第 5 週：202 公斤（445 磅）×5 次

第 6 週：202 公斤（445 磅）×5 次

第 7 週：211 公斤（465 磅）×5 次

第 8 週：211 公斤（465 磅）×5 次

第 9 週：220 公斤（485 磅）×5 次

第 10 週：220 公斤（485 磅）×5 次

第 11 週：229 公斤（505 磅）×5 次（個人紀錄增加 5 磅，就高階
水準來說，這取得了很棒的進展）

所以，你有了三個制定深蹲、硬舉和臥推訓練的週期選擇，線性週期
幾乎不會出錯，也是新手和初學者的最佳選擇。但是，隨著你進步到
中階和高階水準，你可能會想嘗試波浪和階梯式週期。

確實，你可以在每個週期間互相轉換，最終你的硬舉訓練可能會變成
這樣：

- 6 週的波浪週期，每週訓練 1 次
- 休息 1 週不做硬舉
- 8 週波浪週期，每週訓練 2 次
- 休息 1 週不做硬舉
- 6 週的波浪週期，每週訓練 1 次

好了……你明白了吧？只要你遵守週期原則，就是從適當的重量開
始，然後在這個週期最後達到新的個人最佳紀錄，你一定能夠成功地
變得更強壯。

接下來，你將看到我實際使用的訓練週期，我用這個課表達到深蹲
551 公斤（1,214 磅）和硬舉史上首位拉起 454 公斤（1,000 磅）。
請用心學，過去我可從未以這樣詳細的方式公開這些訓練週期。

創造出 455 公斤（1,003 磅）硬舉紀錄的訓練週期

比賽前 10 週：220 公斤（485 磅）×5 次（只上腰帶）

比賽前 9 週：230 公斤（507 磅）×5 次（只上腰帶）

比賽前 8 週：240 公斤（528 磅）×5 次（只上腰帶）

比賽前 7 週：250 公斤（550 磅）×5 次（只上腰帶）

比賽前 6 週：265 公斤（583 磅）×5 次（只上腰帶）

比賽前 5 週：280 公斤（616 磅）×5 次（只上腰帶）

比賽前 4 週：300 公斤（661 磅）×3 次（只上腰帶）

比賽前 3 週：320 公斤（704 磅）×3 次（腰帶與半身衣）

比賽前 2 週：340 公斤（750 磅）×3 次（腰帶與半身衣）

比賽前 1 週：休息一整週，然後在週末拉起 455 公斤（1,003 磅）！

以上就是我用來拉起 455 公斤（1,003 磅）的精準 10 週訓練週期。

以下是關於這個週期你應該知道的的一些事情：在這 10 週區間之前的 8 週，我做了超級大重量的訓練，主要是從大約脛骨中段這邊開始拉。這種作法是為了針對我的弱點，也就是膝蓋上緣位置，來建立超強的肌力。初學者不應該做這樣的專項化訓練，他們應該把正確的姿勢練好，然後從地板把重量拉起來。

從這段週期可以看出，我在 10 週期間有逐漸增加重量，就像其他經過周密計畫的訓練一樣。然而，由於最終達到了 455 公斤（1,003 磅）的硬舉，我使用的相對輕盈的重量，可能會讓你感到困惑。原因是我有一種令人驚訝的能力，可以用輕重量訓練，然後在比賽中拉起大重量。你需要以這個章節的週期訓練範例課表，練到用比你最大重量（1RM）紀錄更重的重量。

你會看到我開始跑週期課表時是用 5 次反覆，隨著週數增加和重量加重，我把反覆次數降低到 3 次。中階和高階訓練者可以這樣操作。如果你屬於這兩種訓練者，就隨意嘗試這些方法吧。

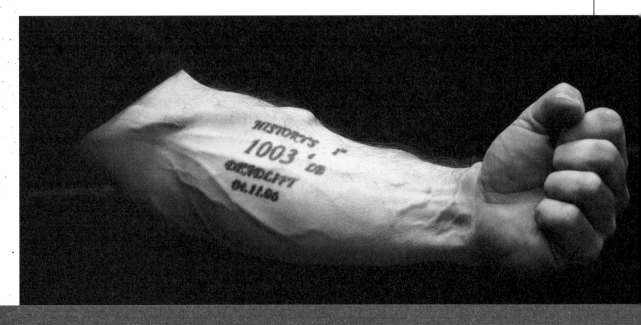

如何深蹲 551 公斤（1,214 磅）

以下是我為了建構深蹲 551 公斤（1,214 磅）實際使用的訓練週期。你會再次看到，與最終拉起的重量相比，重量看起來相當輕，但這樣對我來說有效。而你必須找到遵循基本週期原則，並且對自己有效的辦法。

比賽前 12 週：230 公斤（507 磅）×5 次（上腰帶和綁帶式護膝不綁緊）

前 11 週：245 公斤（540 磅）×5 次（上腰帶和綁帶式護膝不綁緊）

前 10 週：259 公斤（572 磅）×5 次（上腰帶和綁帶式護膝不綁緊）

前 9 週：279 公斤（616 磅）×5 次（上腰帶和綁帶式護膝不綁緊）

前 8 週：300 公斤（661 磅）×5 次（上腰帶和綁帶式護膝不綁緊）

前 7 週：329 公斤（726 磅）×3 次（上腰帶，綁帶式護膝不綁緊和
單層裝備褲）

前 6 週：363 公斤（800 磅）×3 次（上腰帶，綁帶式護膝不綁緊和
單層裝備褲）

前 5 週：390 公斤（860 磅）×3 次（上腰帶，綁帶式護膝不綁緊和
單層裝備褲）

前 4 週：420 公斤（925 磅）×2 次（上腰帶，綁帶式護膝不綁緊和
單層裝備褲）

前 3 週：449 公斤（990 磅）×2 次（上腰帶，綁帶式護膝不綁緊，
雙層裝備褲和半褲套）

前 2 週：250 公斤（550 磅）×3 次（上腰帶，綁帶式護膝不綁緊）

前 1 週：休息，接著穿上完整的多層裝備，在比賽中蹲 551 公斤
（1,214 磅）。

這看起來像是策劃最仔細的爆發力週期。它從適中的重量開始，並在
數週內逐漸增加到更重的重量。你會發現，距離比賽開始 2 週時，我
將重量降低到 550 磅做 3 次反覆，這是要開始減量了。如果你是有
在計畫參加比賽的菁英選手，才需要考慮這些事情。1 週的減量期可
能就夠了，不一定要跟我一樣在深蹲週期中安排 2 週減量週。

週期性訓練──總結

在本章，你已探索了週期性訓練，一種非常有效但簡單的肌力訓練課表。以下再次說明關鍵要點：

- 你可以使用線性、波浪或階梯式週期來進行肌力訓練。如果不確定要用哪種，就用最簡單、最有效的方法。

- 將你的週期長度設定在 4-12 週之間。

- 從適中的重量開始，加到破紀錄的重量。

- 每一週或是每次訓練增加重量的範圍可在 2.25-22.5 公斤（即 5-50 磅）。要真的很巨才能一次跳 22.5 公斤，普通人一次跳 2.25-9 公斤（5-20 磅）比較恰當。初學者一次加 2.25-4.5 公斤（5-10 磅）就可以了。

- 你的執行內容要有彈性。如果你計畫了一個週期，完成後仍然感覺神清氣爽，輕鬆完成目標配重，不要猶豫，延長週期，利用它獲得最大的肌力提升。反之，如果你計畫的週期中間就開始錯失目標反覆次數，最好停下來休息幾天，減少重量，然後再開始一次，這樣並不丟臉。

肌力訓練是一場馬拉松而非一次短跑衝刺。週期化訓練可以讓你一步步變強，而不是變換不同課表，或活在希望中，每次訓練加點重量就夠了。如果後者可行，我們從第 1 天使用空槓，每天加 2.25 公斤（5 磅），1 年就可以拉 848 公斤（1,870 磅）了──當然不可能！

我們需要更聰明的方法，週期化訓練就是這種方法。這對我有效，對艾德·科恩有效，也對其他無數世界級的選手有效，對你也會有效。

修復一個失敗的週期

人生並非完美無缺。

你的工作或關係上會出錯，你的訓練週期中也會有出錯的時候。

這無可避免。

你如何面對沒有按照計畫完美進行的訓練週期，將決定你在舉重中能否成功。

在我們討論如何修復一個失敗的週期之前，先來討論一些關鍵要點。

首先，有時你會有一個完美訓練週期，此時要心存感激並從中學習。

再來，初學時，你會犯一些錯誤。如果你是初學者，戴著腰帶認真進行肌力訓練的時間不到 1 年，一定要遵循以下規則，才能將週期執行失敗的可能性減到最低：

- 使用 4-8 週的週期，少於這個時間都是浪費時間，更長的週期對於初學者來說太難規劃，也沒必要。

- 每週或每次訓練，只要小幅度進步就好。每次進步應以 2.25-6.5 公斤（5-15 磅）為原則，9-22.5 公斤（20-50 磅）的大幅度進步就留給更有經驗、更強壯的運動員吧。

- 設定實際但有挑戰性的目標。如果你目前硬舉是 102 公斤（225 磅）5 次，而你是一名 90 公斤（200 磅）的男性，希望在 8 週的週期化訓練後，拉起 103 公斤（227.5 磅），這就不是一個男子漢的目標，而是一個膽小鬼的目標！

- 對照之下，盼望在 8 週內完成 180 公斤（400 磅）5 下的目標實屬過度天真樂觀，因為這根本無法實現。

- 如果你思考清晰且明智，你會採取中庸之道，目標是用 107 公斤（235 磅）或 109 公斤（240 磅）5 次來破個人紀錄。在 8 週訓練後，讓 5 次反覆最大重量增加 4.5-6.5 公斤（10-15 磅）。

現在，讓我們來談談如何修復失敗的訓練週期。

幾年前，一位健力選手來到我們團隊訓練。他的自負有點大於他的才能（和深蹲）。

這個傢伙，在國家層級是個不錯但絕對不算出色的選手，不知道為什麼，他認為和我一起訓練時自稱「深蹲博士」（Dr. Squat）是個不錯的主意。

當時，我已經是蹲了 551 公斤（1,214 磅）實績的人了，但他只蹲 400 出頭公斤，這個人實在太誇大其詞了。

無論如何，他每個星期三都會來，那正好是我們健身房的深蹲與硬舉之夜，而他總是無比激動。而且他是在我剛開始跑週期課表的時候加入，所以非常投入，而且試圖跟我一起跑這份課表。

大錯特錯！

前三個星期，他每週的深蹲數字都比我多出 10-15 公斤。我並不在乎，因為我跟著我的課表在走。但他很享受這種感覺，因為他小小的腦袋裡想的是：他是「深蹲博士」，而且現在比我更強壯了。

哦，天哪。

他忘記他的週期跑到哪了，他給我看第 1 週的數字時，看起來非常合理，然後他開始試著每週都擊敗我。他一定忘記了重要的是比賽，而不是我們在健身房蹲的重量！

到了第 4 週，他開始有些在掙扎了。他把最大重量設定得很高，而且都比我多做幾公斤。

我們距離比賽還有好幾週，所以我還是覺得達到最大重量還很容易。

隨著時間一週一週過去，突然間，他重量上不去了，於是他開始每週做同樣的重量，組數越做越多，疲勞和過度訓練的症狀也開始出現。

當然，我堅持著我的練習，在比賽時，以 490 公斤開把。不幸的是，我在接下來的兩次試舉中，因為上錯重量（我設定 525 公斤，但有一邊他們錯裝成 565 公斤的配重），導致我的膝蓋受傷。

我們回來看「深蹲博士」。到實際比賽時，他已經疲憊不堪、訓練過度，無能為力，我記得他三次試舉只成功一次，而且跟他的最佳紀錄差得很遠。

我們後來改叫他「傻蹲博士」（事實上，除了傻，可能會出現更糟的情況），而且從此再也沒有見過他。

第 1 守則，不要讓你的自負妨礙你。嘗試與比你強 30％的運動員一起訓練毫無意義。當然，可以從他們身上獲得啟發，但不要以他們的訓練週期為基礎來設定你的訓練週期。

這種自大的行為，使許多健力運動員和健身狂陷入了失敗和崩壞。

但是，如果你課表排得很合理，但跑課表時還是發生問題了呢？

這種事情就是會發生。

假設你目前硬舉 3 次反覆最大重量是 180 公斤（400 磅）。

你計畫了一個紮實的週期課表，目標是跑完週期時，以 3 次反覆最高 193 公斤（425 磅）收尾。

課表看起來會是這樣：

第 1 週：129 公斤（285 磅）×3 次

第 2 週：138 公斤（305 磅）×3 次

第 3 週：147 公斤（325 磅）×3 次

第 4 週：157 公斤（345 磅）×3 次

第 5 週：166 公斤（365 磅）×3 次

第 6 週：175 公斤（385 磅）×3 次

第 7 週：184 公斤（405 磅）×3 次

第 8 週：193 公斤（425 磅）×3 次

但是，在第 5 週，你拉 166 公斤（365 磅）3 次，且第 3 次是勉強完成。在第 6 週，你拉 175 公斤（385 磅）1 次，但無法完成第 2 次。

明顯有些事情不對勁。但你該怎麼辦呢？

首先，不要執著於拚命拉 193 公斤（425 磅）3 次。你將來會拉起來，但不會是在這個週期的最後 2 週。

反之，你有幾個明智的選擇：

選擇一：休息 1 週，然後再回來，再試第 6 週的重量。如果 175 公斤（385 磅）3 次沒問題，就繼續下去。顯然你只是需要休息一下。

另一方面，如果還是覺得拉 175 公斤（385 磅）3 次很辛苦，就重新開始新的週期。

選擇二：回到幾週前的週期，例如你錯過了第 6 週的重量，就回到第 3 週的重量。

好吧，所以你比預期多花了幾個星期才達到你的 180 公斤（400 磅）5 次的目標，但經過細心思考和一些明智的規劃，你最終達成了目標。這比大多數健身狂使用的方法要好得多，他們每次遇到小小的挫折，就跳來跳去地改變計畫。

選擇三：改變站姿。你會停滯不前，可能是因為你做太多同樣的拉動作。如果你已經做了好幾個月的傳統硬舉，就開始一個新週期做相撲式硬舉。做一陣子相撲式硬舉之後，再換回傳統式硬舉，也就是帶著新鮮感與興奮的態度，來用各種方式挑戰硬舉。

你有很多方法來修正一個失敗的週期。最重要的事情，是要記住，在週期化訓練失效的情況下，硬是堅持往前邁進，會是災難性的策略。

解決方案通常是以某種方式休息。休息可以是休息 1 整週，或回到週期中較輕鬆的那幾週課表。

如果你的訓練週期不順利，又要在比賽中拿出最佳表現，能怎麼做？

這有點棘手，因為比賽日期不會因為你的訓練不順利而改變。

那麼，你該做什麼？

這取決於距離比賽時間有多久。如果比賽時間很近（2-3 週之內），最好是放慢腳步，什麼也別做，或者只做速度訓練（50-60% 最大重量做 6-10 次單下，或是 3-5 組 2 下），因為大多數運動員在精力充沛硬舉的表現也最好。

換句話說，訓練量少一點，訓練成果通常會比較好，練太多只會導致過度訓練。

然而，如果是比賽前 12 週的課表，而你已經跑了 8 週，但你意識到無法在最後 4 週達到你計畫的數字，你的解決方案會是重新評估你的目標，並相應調整你的數字。

每週減少 9 公斤（20 磅）重量並不可恥，如果這意味著可以在比賽中取得最好的表現，這其實是明智的選擇。

記住我朋友「深蹲（傻蹲）博士」的故事，你就不會出大差錯。

他真的是個傻子！

休賽期的週期規劃
（無裝備做 3 次或 5 次，取代有裝備的單次）

如果你是健力比賽選手，一年中可能有一段「休賽期」。

這段時間你不用參加比賽，或者至少沒有要準備什麼大比賽。我們會利用這個時間來訓練你的無裝備肌力。

當你定期穿全裝備比賽，裝備可能會導致你的肌肉不均衡。正因如此，在一年中有段時間要把重點放在無裝備訓練上，這很重要。

大重量單次訓練可能會造成身心疲勞，因此休賽期也是用最大負重做 3-5 次反覆的好時機。

如果你想要增加肌肉的質、量和肌力，做 3-5 次反覆的訓練組可以幫助你。當你需要肌肉生長，答案幾乎總是增加更多訓練量。

設計最多 3-5 次反覆的訓練組，其實比做單次最大重量更輕鬆愜意。

如果你想打破你的最佳 5 次反覆最大重量紀錄，只要制定一個訓練週期，每次訓練都做 5 次，然後在最後一週破紀錄即可。

以下是使用 6 週週期的情況，假設你之前最好的 5 次反覆最大重量是 143 公斤（315 磅）。

第 1 週：104 公斤（230 磅）×5 次

第 2 週：113 公斤（250 磅）×5 次

第 3 週：123 公斤（270 磅）×5 次

第 4 週：132 公斤（290 磅）×5 次

第 5 週：141 公斤（310 磅）×5 次

第 6 週：150 公斤（330 磅）×5 次（個人紀錄）

如你所見，這種訓練週期非常簡單又非常有效。在這 6 週的假想訓練中，最後穩定達成的 6.75 公斤（15 磅）個人紀錄，回報相當不錯。

如果你想要去做 3 次最大重量的訓練，你有好幾個選擇。

就像前面設定的週期選擇，每個星期用 3 次反覆為 1 組。

在週期一開始，使用 5 次反覆，然後在達到 5 次最大重量時切換到 3 次反覆。在該範例中，你可以按照計畫做個 5 週，然後切換到 3 次反覆做 5 週，最後以 3 次最大重量作收。

假如你覺得自信十足又強壯，你可以嘗試 5 次反覆最大重量，接著改成 3 次反覆最大重量。以一個硬舉的 5 次反覆最大重量為 163 公斤（360 磅），3 次反覆最大重量為 180 公斤（400 磅）的例子來看：

第 1 週：127 公斤（280 磅）×5 次

第 2 週：136 公斤（300 磅）×5 次

第 3 週：145 公斤（320 磅）×5 次

第 4 週：154 公斤（340 磅）×5 次

第 5 週：163 公斤（360 磅）×5 次（舊的個人紀錄）

第 6 週：172 公斤（380 磅）×5 次 新個人紀錄（下週要改成 3 次）

第 7 週：154 公斤（340 磅）×3 次（輕鬆訓練，從上週狀態中恢復）

第 8 週：163 公斤（360 磅）×3 次

第 9 週：177 公斤（390 磅）×3 次

第 10 週：193 公斤（425 磅）×3 次（新的個人紀錄）

休賽期的 3×5 和 5×5

事實上，我的深蹲、臥推和硬舉訓練，休賽期時大多是 3×5 或 5×5，但不是以傳統意義上的方式來操作。許多運動員思考這些訓練時，他們會想得很死板，但我的方法比較有彈性。

我通常會規劃一個粗略的 6 週週期。在第 6 週，我會在腦海中設定一個 3 次或 5 次反覆。可能會也可能不會是個人紀錄的重量，但做起來還是會有點硬。在第 1-5 週，我會去健身房，好知道自己目前能拉多重，但是，我會看熱身狀況見機行事。

讓我舉個例子來說明我的意思。

就說我正在規劃一個深蹲週期訓練，在第 6 週會達到 362.5 公斤 5 次。以下是每個週期的最大重量：

第 1 週：227.5 公斤 ×5 次

第 2 週：250 公斤 ×5 次

第 3 週：272.5 公斤 ×5 次

第 4 週：300 公斤 ×5 次

第 5 週：332.5 公斤 ×5 次

第 6 週：362.5 公斤 ×5 次

我真正關心的只有最重的那組，所以我會把熱身組的反覆次數做到讓我在最重的一組能感覺自己最強壯的程度。有些星期我可能會做 3-4 組 5 次反覆，然後攻克最重的一組。有些星期，我可能會讓自己輕鬆一點，只需要做些單下、2 下 1 組和 3 下 1 組的熱身組。

重點永遠是最重的那組。

我從不會做多組同樣重量的菜單。這對於初學者或追求肌肉生長的訓練者來說，都是很好的訓練，但是我不喜歡，因為這很枯燥，而且對最後一組不夠強調。我也喜歡拿出極致爆發力去拉，然後發現，比起用輕重量做 3-5 組 5 次反覆，還不如專注在最大重量組，練得更輕鬆愜意。

你的第 1 年計畫

A 一旦你在深蹲，臥推和硬舉上建立了良好的技術，你就可以放心專注於認真建構肌力。但在你的技術堅實之前，千萬不要這樣做。

一開始進行時，建立肌力相對容易。

我看過初學者的硬舉 1 年就從 61 公斤（135 磅）提高到 225 公斤（500 磅）。另一方面，我的硬舉花了 5 年才從 455 公斤（1,003 磅）提升到 457 公斤（1,008 磅）！這就是超級菁英運動員的生活。

第 1 年的訓練不要太複雜，過度複雜是大錯特錯。等你達到中階肌力水準，而且需要克服技術瓶頸時，再來使用更複雜的訓練方法。

如果你在第 1 年的訓練有掌握好，你應該每週都能夠變強，而不必做任何複雜的事情。

第 1 年，5 次為 1 組才是王道。

5 是一個神奇的數字，因為它可以讓你同時建構肌力和肌肉。

一方面，1 次和 2 次 1 組的訓練，比 5 次 1 組需要更多經驗才能安全執行，畢竟這是用更高強度在訓練。

這裡也說說用 10 次與 12 次 1 組的健美運動員。與一般看法相反，10 次與 12 次 1 組反而容易導致受傷。思考一下，哪個比較容易呢？是 1 組做 5 次容易保持完美的技術，還是做 12 次？

結案。

5 次 1 組就對了！

等到你的技術穩定，就照這樣做：

進行 8 週的週期。

第 1 週，選擇一個你認為可以做 10 次的重量，然後用 5 次作組（熱身組不算在內）。是的，感覺起來輕鬆愜意，這就是重點。

第 2 週，深蹲和臥推重量加個 2.5 公斤，硬舉加個 5 公斤。

看起來會像以下範例，這裡只列出最大重量組，你還是得先做幾組熱身組。

第 1 週：80 公斤 ×5 次

第 2 週：85 公斤 ×5 次

第 3 週：90 公斤 ×5 次

第 4 週：95 公斤 ×5 次

第 5 週：100 公斤 ×5 次

第 6 週：105 公斤 ×5 次

第 7 週：110 公斤 ×5 次

第 8 週：115 公斤 ×5 次

很明顯，這是硬舉的範例，因為每週增加的重量是 5 公斤。

8 個星期後，誠實地問自己這個問題：

「第 8 週做 1 組 5 次的難度有多高？」

如果很輕鬆，你認為可以做到 8-9 次反覆，就繼續跑這個週期，每週增加 5 公斤。

如果很辛苦（也許第 5 次得要很努力，或者你覺得大概只能再多做 1 次了），就開始另一個 8 週的週期。

這時，不要從 80 公斤開始，而是從 85 或 90 公斤開始，最後是 120 或 125 公斤。

用這個方法，你將能夠在第 1 年的訓練不斷進步。一旦你取得了一些經驗，例如，在前 6 個月之後，就可以試驗不同長度的週期，像是 6 或 12 週。

如果在你的週期的最後一週，你感覺無法達到預期的數字，不要害怕，提早 2 週結束這個週期，然後重新開始。

第 1 年，保持事情單純，週一、三、五進行訓練。週一訓練深蹲，週三訓練臥推，週五訓練硬舉。

在完成主項目後，可以搭配基礎輔助動作。我們建議以下輔助動作：

深蹲完之後：

- 腿推（4-5 組，每組 8-12 次）
- 仰臥腿部彎舉（3 組，每組 12-15 次）
- 啞鈴側屈體（每側 3 組，每組 6-8 次）

臥推完之後：

- 肩推（3 組，8-12 次）
- 俯身啞鈴側平舉（3 組，10-12 次）
- 啞鈴側平舉（3 組，10-12 次）

硬舉完之後：

- 後弓步蹲（每側 3 組，每組 6-8 次）
- 腿推（3 組，每組 25 次）
- 仰臥腿部彎舉（3 組，每組 25 次）
- StrongFirst 平板式（3 組，每組支撐 10 秒）
- 引體向上（3 組，能做幾次就做幾次）
- 坐姿划船（5 組，每組 8-12 次）

為了種類的多樣性，每 4-8 週更換相似的輔助練習。例如，你可以從肩推變換為啞鈴肩推。或者可以從坐姿划船改為啞鈴划船。

正如你所見，你第 1 年的訓練不必複雜，正如本節所說，保持簡單，你的進度會更棒。

如何發展一支優秀的團隊、無堅不摧的心態，並為你的第一場比賽作好準備

A 過去幾年來，許多健力運動員是獨自訓練。但是，大多數都是跟著團隊訓練，我也是其中一員。

一些人喜歡由 2-3 個運動員組成的小團隊，而其他人，像我一樣，在一個更大的團隊環境中能夠進步更快。在我的訓練生涯中，我總是在我身邊有 4-9 名隊友的情況下，進行我週一和週三的大重量訓練。

這個設定不適合每個人，因為有些運動員不喜歡在大型訓練團隊時自然產生的較長休息時間。對這些運動員來說，一個由 2-3 個人組成小團隊更好。

無論你喜歡什麼方式，如果你想變得很強壯，我建議你跟著團隊訓練，獨自行動肯定更艱難。

如何選擇優秀的團隊成員

團隊主要規則是大家都應該給予也要接受。當我發現不想貢獻的人，我會立即將他們從我的團隊中趕出去。

有新人加入我的團隊時，會讓他們先試做。有些人在第一段試做就撐不下去，有些人則持續了十年。我不會因為別人比我弱而砍掉他們，如果我這樣做，我很快就會沒有訓練夥伴了。不，我只會因為他們只接收不付出且沒有達到某些期望而砍掉他們。

我所尋找的團隊成員：

- 每次或幾乎每次訓練都會出現的人。
- 每次訓練準時出現的人。
- 訓練開始時願意協助設置場地並在結束時願意協助整理的人。
- 學習能力強的人。
- 在訓練期間很快就開始幫助其他訓練者下指導語，以及討論訓練週期、輔助訓練等相關話題的人。
- 願意在比賽時即使沒有參賽也會提供協助的人。
- 遵循我們執行的觀察／負荷系統，而且不逃避執行這些乏味但必要訓練的人。
- 對於進步抱持熱誠的人，不論你是為了達成第一次 135 公斤（300 磅）深蹲，還是 454 公斤（1,000 磅）深蹲，如果你想跟我一塊訓練，我需要看到你的真心和渴望。

選擇隊友另一件要注意的特質，就是他們會不會推動你前進。這對你而言，比對我更容易！

如果你深蹲 180 公斤（400 磅），請試著找一個深蹲 225 公斤（500磅）的人一起訓練。別找深蹲 102 公斤（225 磅）的人來培養你的自信心，寧願是大池塘裡的小魚，也不要反過來了。

健力運動的美妙在於，幾乎每個人都有自己的薄弱之處。我的薄弱之處一直是我的臥推，因此我試著讓自己身邊圍繞著一群臥推重量很不錯的人。他們會鼓勵、推動我，也會教導我，而我會回報，在深蹲和硬舉時幫助他們。

成功的關鍵──你的心態

有些諷刺的是，90% 有關訓練的文章和書籍從未提及心態。然而，心態是你在變得更強壯，以及在人生所有領域邁向成功時，最重要的武器。

如果你的心態不夠堅強，就注定要失敗。

心態足夠堅強，你就可以把地球舉起來。

在訓練和比賽方面，我的心態一直都很強大。然而，我也不得不幫助許多遇到困難的優秀隊友，他們唯一困頓掙扎之處，就是雙耳之間的大腦，一團雜亂。

我看太多了……

- 比賽當天不停嘔吐的傢伙。
- 比賽當天無法吃東西的傢伙。
- 因為無法抗拒週末酒會的牛飲，而搞砸自己成功的傢伙。
- 健身房沒有成功拉起重量時，容易自我詆毀的傢伙。

只要你說得出來，我都見過。

講完這些，我想要給你一些想法，這些想法創造出讓我能一再打破世界紀錄和贏得全國及世界冠軍的心態。

建立無敵心態的 7 個步驟

1. 請理解肌力訓練是一種暴力的追求

你可能從沒想過，肌力訓練無比暴力，但確實如此。

想想看，你深蹲的時候，背後會背著重量，如果出錯，可能會把你整個人搞得支離破碎。做臥推的時候，你得在身體上方推起槓鈴，如果槓鈴掉在你的脖子上，你可能會死掉。

而硬舉鼓勵你從地板上拉起重量，如果你動作不正確，且不知道如何保持繃緊，可能會導致背部受傷。

如果你無法從觀看 MMA、拳擊、英式橄欖球、美式足球或其他「狂暴」的運動中找到樂趣，那麼你確實可能不適合進行嚴謹嚴肅的肌力訓練。

然而，如果你真的很喜歡觀看那些運動，而且對於變強壯抱持熱情，你需要培養的是……

2. 侵略性

要想舉起一般訓練者根本不敢奢望自己能舉起的重量，你必須要有侵略性。

當你把最大重量扛在背上蹲至最低點，你必須像你的生命就靠這一蹲般，把槓鈴背著站回起始位置。

臥推也是如此，當槓鈴碰到你的胸膛時，你必須靠著認真嚴肅的侵略性將它推回原位。

而關於硬舉，我認為沒有任何其他項目會如此依賴於你的精神狀態。看我在破硬舉世界紀錄時，你會看到我的訓練夥伴在我上場前搧了我一巴掌。

當戴夫・比蒂（Dave "Bulldog" Beattie）這樣做時，我是在累積我的侵略性。感覺來的時候，我推開戴夫（這很不容易，因為他有 300 磅重），接著我對槓鈴釋放出我所有的情緒。

所有最優秀的運動員都抱持這樣的態度。

如果你想見識何謂侵略性，就看看我做重量的樣子；看柯克船長（柯克・卡沃斯基）舉重的樣子、看看查克・沃格爾普（Chuck Vogelpohl）舉重的樣子，看我的訓練夥伴布萊恩・雷諾斯（Brian Reynolds）舉重的樣子。他們都是偉大的訓練者，都深具侵略性。

你可以在沒有侵略性的情況下獲得勉強過得去的肌力，但如果你想要超級強壯，你必須像動物一樣。

對此，你也需要……

3. 清晰

擁有清晰思考和清楚看待事物的能力，對力量型運動員至關重要。

只有當你清晰思考，才能客觀地分析自己的弱點，然後針對性地解決這些弱點。

只有當你清晰思考的時候，你才會知道什麼時候要推進，什麼時候要停下，在訓練之前要如何激勵自己，以及當你真正背著槓鈴時，什麼時候要發揮侵略性。

只有當你清晰思考時，你才能保持健康並對你的長壽有所貢獻。

清晰思考對成功無比重要，大多數人都不清楚且無法成功，這其中有一個模式存在。

4. 視覺化

視覺化是一種簡單但無比強大的心理技巧，所有成功的人都會使用。

科學證明，如果你一遍又一遍地想著某件事，並且有足夠的強度，你的大腦實際上無法分辨你是否真的做了你想做的事情，還是只是在想像而已。

先試想自己反覆**成功**突破個人紀錄，然後才開始真正嘗試去做。

我在真正把 457 公斤（1,008 磅）拉起之前，腦海裡已經「看過」成千上萬次了。到了要在比賽中做到的時候，我感覺就像這不是什麼新鮮事了。

擁抱視覺化，並利用它來幫助你變得更強。

同時⋯⋯

5. 避免過度的負面思考

我之所以說要避免「過度的」負面思考，而不是避免負面思考，這是因為我們都會有負面的想法，而且永遠無法完全避免。

差別在於，一些人會沉迷於消極的想法，從而損害他們的成功，另一些人則迅速會消除這種想法，或在發現隱含的訊息時就解決掉。

就肌力訓練而言，認為自己無法打破個人最佳紀錄，是最大的負面思考範例。

絕對不要這樣做。如果你發現自己正在這麼做，立刻停止，然後想像自己成功了十次。

為了在負面想法失控前掌控全局，你必須擁有……

6. 專注

東尼・羅賓斯（Tony Robbins）說，大多數人的生活就像河流上的一片落葉，在河上隨波逐流，無法真正控制要何去何從。

如果你想控制你的人生和肌力，你必須像河上的快艇一樣，能夠挑選自己的航線，做想做的事情而不受周圍和情況的限制。你必須掌控全局，主導行動。

當你專注時，你就會自然而然的掌控全局且更明智地利用時間。

現在，做這個快速練習來保持專注……

- 拿出一張紙
- 寫下 3 個 30 天目標
- 寫下 3 個 3 個月目標
- 寫下 3 個 12 個月目標
- 設定一個大膽且超出 3-5 年的極限目標

每天讀一讀這些目標，然後當你實現它們時，在前面打個勾。

最後，你必須要……

7. 有彈性

李小龍曾說過，要似水無形。

你也必須要拿出這種態度。無論你的計畫多棒，事情總是需要在過程中不斷調整。這不僅適用於肌力訓練，也適用於你人生中各個面向。

不要固執，要有彈性。

如果什麼東西失靈了，就鼓起勇氣調整。

要怎麼準備參加第一場比賽

如果你選擇參加比賽，第一場可能會有點緊張。

最重要的事情是放輕鬆（當然不是在背槓的當下）並且享受比賽。畢竟，你不是為了酬勞而做這件事，你應該享受這件事。

你要做的第一件事是選擇一個聯盟。選擇一個有無裝備賽事的聯盟，仔細閱讀規則。

對，閱讀規則很無聊，但是如果你因為違反規則而被判定失敗，這是很不可取的，閱讀規則吧！

接下來，為這次比賽做好訓練週期的準備。

在寫下你的訓練週期時，要把目標放在比賽當天拿出最佳成績，在比賽當天展現出最佳肌力。你參加比賽的次數越多，就越能拿出你的最佳成績。

比賽之前，找個訓練顧問。訓練顧問就是比賽時協助你處理各項事務的人。這個人必須很可靠，最理想的人選是你的訓練夥伴，或者至少熟知健力的人。

比賽前一天晚上就把你的背包打包好。比賽當天才打包，你的壓力會很大，而且會是一場惡夢。

別犯下上述錯誤。

你至少把以下裝備放進背包：

- 連身舉重衣
- 腰帶
- 深蹲／臥推鞋
- T 恤
- 硬舉鞋
- 護腕
- 護膝或綁帶式護膝（如果在你所屬的聯盟可使用）
- 飲用水 1 加侖（約 4.5 公升）
- 食物
- 毛巾

你還需要制定比賽策略，其中包括知道你的開把重量，以及第 2 和第 3 次試舉的重量。

開把重量，我建議你選擇一個你可以在健身房連拉 3 次的重量，或者一個你即使狀況很差也可以完成的重量。

聊到開把，記住這一點：開把會炸掉只有一個原因，就是重量太重了。最好用輕重量開把，讓記分板上先有個數字。

要怎麼拉更重
HOW TO LIFT MORE

要怎麼增加硬舉重量

我如何做硬舉？

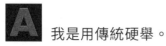 我是用傳統硬舉。

我曾試過相撲硬舉，很快就發現我大腿內側活動度不佳，無法用專業技巧來拉這個姿勢的硬舉。就紀錄來說，我用這個姿勢單次最大重量大約是 350 公斤。當時，我的傳統硬舉大概是 440 公斤，所以如你所見，相撲硬舉不是我的強項。

就像所有出色的硬舉選手，我的硬舉風格是我的槓桿、我獨特的肌力，以及大量努力訓練下的產物。

我硬舉時不太屈膝，小腿垂直地面，下背會弓起。我認為我的硬舉是腿部驅動與下背及上背肌力恰當的同等結合。但是，如果不去實驗室讓科學家觀察我在硬舉時不同階段各種肌肉發出多少力量，我便無法證明這一點。

最重要的是，對我來說，我的技術非常適合我自己，而且能夠提供最大的肌力，同時將受傷風險降到最低。

注意：如果你考慮用下背圓背，或非常圓的下背姿勢，你受傷的風險會比採用像我這樣的硬舉方式高得多。

讓我們來仔細看看我的硬舉技術。

我面向槓鈴，站距與髖部同寬，前脛輕觸槓鈴，腳尖微微朝外。

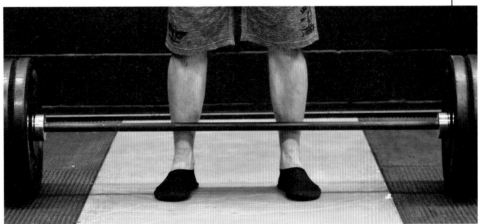

接著，我屈身讓雙手握住槓鈴。當我這麼做，雙腿屈曲的程度到足以抓住槓鈴即可。記住，這是硬舉，不是深蹲！

接下來這個點很重要：當我把手放在槓上，我使用正反握，並確保我的肩膀以下手臂垂直地面。如果我將手臂前伸，離前脛較遠，這種拉法會更接近抓舉式硬舉。在最大重量的情況下，這有可能撕裂二頭肌，並大大減少我能舉起的重量。

整理一下：

- 站距與髖部同寬
- 前脛輕觸槓鈴
- 肩膀以下手臂垂直地面
- 握槓時使用正反握

接下來，我會將髖部上升，然後強迫髖部再往後下推，讓我的前脛輕觸槓鈴。我會再做 1 次，然後再做第 3 次。

到了第 3 次，我拉。

每次我將髖部往下沉到槓鈴高度時，都會產生更多的力量。我不會在一瞬間從放鬆狀態轉變成了能拉起超過 1,000 磅的力量，而是允許力量在 1-2 秒的時間內透過這 3 個下推（dip）來累積。

這就是為什麼我把槓鈴往上拉之前，你會看到槓鈴整個彎曲。

槓鈴離開地面時，我會盡可能把腹肌和背闊肌繃緊。我會讓槓鈴非常靠近我，這就是為什麼所有優秀的硬舉者前脛都會有傷疤。

槓鈴漂離你的前脛，就會非常容易讓你的硬舉失敗。槓鈴每往前漂移 1 英寸，重量就會感覺更重，而且非常對下背造成壓力。

所以，槓鈴**必須**保持貼近身體。

隨著我將槓鈴提高離地面更遠，會繼續盡可能握緊槓鈴。當槓鈴經過膝蓋高度，我會將髖部往前推，來鎖死重量。

到達鎖死位置時，我站得很直，胸部前展，肩膀後傾下壓。

我的鎖死動作**不會**過度伸展，這一直都是沒經驗的硬舉運動員，或是樂於傷害自己下背那些人的明顯特徵。

一旦到達鎖死位置，我通常會做一些幼稚的漂亮花招，像是伸舌頭朝眾人瞧一下，但你不需要這麼做。

最後只剩下維持繃緊、髖部往後推、將槓鈴降低回到地面。

我們來總結我的硬舉技術：

- 站立時，站距與髖部同寬，前脛輕觸槓鈴，腳尖微微朝外。
- 肩膀以下手臂垂直地面，握槓時使用正反握。
- 現在我會將髖部上提，並向下推 3 次，直至槓鈴高度。
- 第 3 次下推時，開始動作。
- 我的腹肌和背闊肌會繃得非常緊。
- 拉起時，槓鈴全程緊貼我的身體。
- 槓鈴通過膝蓋時，我推動髖部直到鎖死位置。
- 在鎖死位置，我身體站直，但不會讓身體過度伸展。

這就是我硬舉的方式。

最後一點，你會注意到我的髖部和背部同時是同時鎖死。

許多訓練者在硬舉完成
前就會完全將腿鎖死，
讓背部來完成拉上來的
動作，這會增加背部受
傷的風險。

P 討論到不同程度的動作技巧時，大衛・惠特利 (David Whitley) 用武術的腰帶來說明。白帶、各色帶和黑帶都會練習同樣的基本直拳，但是理解程度不同。本章的目的，是將你的硬舉技巧提升到黑帶程度。

開始進入黑帶

硬舉啟動有許多不同的方式，但大多數起源於舉重運動。

首先，你已經學到了靜態啟動，它的優點能夠確認姿勢正確且保持繃緊，缺點是無法靠著牽張反射 (stretch reflex) 幫忙。當你快速伸展肌肉，肌肉會想要回彈，但是你動作停止的時間越長，就是失去越多彈性。

雖然如此，一些菁英硬舉運動員如康斯坦丁諾夫會使用靜態啟動，因此不要輕易刪除這個選項。關於靜態啟動，馬克・查利 (Mark Chaille) 這位曾在數十年前拉起 881 磅的冠軍選手，他說的建議十分受用：「啟動前，先在槓鈴上放 100 磅壓力。」

接著是下潛式 (dive) 啟動。偉大的拉瑪・甘特，第一位拉起 5 倍自身體重的人，就是這種方式的支持者。他會繃緊站直，然後慢慢與他肌肉繃緊的狀態對抗，直到沉至槓鈴高度。一旦到達槓鈴高度，他會迅速握住槓鈴隨即開始拉。1982 年，甘特以 123 磅（56 公斤）的重量拉出 639 磅（290 公斤），至今仍是重量體重比最重的硬舉紀錄。

下潛啟動是非常有效的硬舉啟動方式，因為這種啟動方式可以讓人繃得很緊，並藉由牽張反射得到一些推動力。我說「一些」，是因為肌肉不會伸展得那麼快。

像是安諾‧杜爾蒂亞寧（Ano Turtiainen）等硬舉運動員，會快速下潛至槓鈴高度，這與健力運動員類似。這種方式也有自己的問題：會更難在保持緊繃的同時，快速到達精準的起始姿勢。

無論快還是慢，許多訓練者都喜歡下潛啟動的心理增益。一旦你抓住槓鈴，就必須開始動作。下潛啟動不會讓你在拉起大重量之前胡搞瞎搞甚至被心理問題打垮。

最後，安迪使用的是滾動式啟動。用雙腿幾乎直立的姿勢抓緊槓鈴，然後快速地將自己往下拉進入啟動位置。立即將尾部拋起來，並將雙腿伸直，猛烈地伸展大腿後側肌群，並發動牽張反射。重複這種貫注能量動作 2-3 次，安迪會做 3 次，並在每次貫注時繼續在槓鈴上建構更多張力。當你最後一次降下髖部並將前脛貼上槓鈴時，立即將腳踩地，將重量拉離地面。

前蘇聯健力研究❸顯示，只要你的時間掌握得恰到好處，滾動式啟動最有效。難就難在時間點，就是為什麼我們不一開始就教你們這個方式的原因，你們要處理的地方已經夠多了。

我的滾動式啟動

A 如果你看過我硬舉，你會看到我抓住槓鈴，髖部下推 3 次，然後拉起來。

老實說，這是我一直在做的動作，因為感覺很自然。不過，仔細想想，它確實有道理。

以下是原因：

髖部連續下推時，每一次我都會在槓鈴上累積一點拉力，拉起前逐漸增加張力。顯然，如果我拉 1,000 磅，我必須產生超過 1,000 磅的力量才能把槓鈴拉離地板。但我不是試圖在一瞬間產生這種力量，而是利用 3 次下推來逐漸調節更多張力。

使用這種方式，我也很容易保持手臂伸直，這對最大肌力和預防受傷來說至關重要。你有沒有看過有人試圖將槓鈴拉離地板時，手臂彎曲，二頭肌撕裂？哎喲！

當我做滾動式下推，你會發現我的重量會從腳趾轉移到腳跟，然後再回到腳趾。然而，當我拉的時候，我的整個腳都平貼地面，而且腳趾會抓住地板。

記得放射定律嗎？（編注：law of irradiation，當某一肌群強烈收縮，會徵召相鄰肌群共同參與。）

不要「洩掉」你的硬舉肌力！

P 多年前，我遇到兩位高人，他們在提升我對於肌力的理解上有著莫大貢獻。一位是拳擊教練史帝夫・巴卡力（Steve Baccari），另一位是脊椎生物力學專家麥吉爾教授。這兩位高人提出了「洩氣」（Leakage）一詞，用以描述運動肌力。一旦你了解這個概念，找出個人硬舉的洩氣處，並加以封堵，我確信你的拉起能力會大大提升。

麥吉爾教授解釋了這個概念：

「向心收縮增加能量，離心收縮則是吸收能量。如果強韌的關節做出向心收縮動作而導致較弱的關節做出離心收縮，那也算是洩氣的一種形

式。舉例來說，由於腳跟用力踩地會髖部伸展，在這個情況下，改用腳掌踩地就會減少洩氣。沿著推動方向的離心收縮也是洩氣，髖部彈震式收縮以及核心鬆軟也都是洩氣，而繃緊核心可以將力量完整傳遞到肩部。『你無法推一條繩子，但你可以推一塊石頭。』」

如果一塊肌群努力推動，另一塊肌群卻沒有作出貢獻，後者將會陷入僵局，把前者的肌力像黑洞一樣吸走。硬舉動作至少有 10 個洩氣點：腳掌、腳踝、膝蓋、髖部、腰椎、胸椎、肩胛骨、手肘、手腕和手指。讓我們找出導致洩氣的原因，並提出適當的改善方案。

但是首先必須指出一點，以下並不意味著你不應該以推出膝蓋、抬高髖部、圓背等動作啟動。只是一旦把重量拉離地面，這些關節就不應該有「更多動作」。你可以按照技術和槓桿需求來讓這些動作以任何程度的屈曲啟動。但在那之後它們只有一個方向可以走，就是伸展。

● 腳掌

中國人說，人死從腳開始，你的硬舉也是。當你的腳爪被壓在沉重的負荷下，你正在把重量流失，轉移到你的競爭對手身上。

讓你的雙腳腳掌健康且強壯。光腳徒步、用腳趾抓小石子、單腳站立、學習空手道等等，多做一些鍛鍊雙腳腳掌的運動和練習。

赤腳單腿硬舉也會有很大的效果。它們不僅可以強化你的腳掌，使腳掌感受地面，還能增強大腿後側肌群和臀部的肌力。

使用一對輕壺鈴或啞鈴。假設以標準硬舉起始位置進行，但有一條腿往你背後抬起。穩固後，用腳趾抓住地板（你必須光腳或穿著硬舉鞋），並把重量從地板提起。慢慢移動來挑戰你的穩定肌群。在鎖死位置停頓 2 秒，臀部繃緊，動作腿的膝蓋鎖死。

在控制下往下沉（這不是競賽式的硬舉），然後放下壺鈴。暫時放鬆一下，然後重新產生張力，繼續下一次反覆。

● 腳踝

膝蓋和腳踝一起伸展會形成腿部驅動力。當我試著做一點硬舉站姿腿推，小腿後側肌肉痙攣提醒我了這件事。這可不行！

如果開始拉重量時，你會跟大多數訓練者一樣脛骨微微向前傾斜，脛骨就必須在槓鈴到達膝蓋之前垂直。小腿後側肌群是負責這個動作的肌肉，如果你跟安迪和少數幾個頂級舉重運動員的硬舉起始動作一樣脛骨垂直，你仍然需要用小腿後側肌群來驅動，以防止你的膝蓋向前滑動。那是一個強力的小腿後側肌群等長收縮。

那並不意味著你在硬舉時應該想著去徵召小腿後側肌群。**如果你專注在將你的腳掌往地板推，並且在舉重時堅持不讓膝蓋向前移動**，小腿後側肌群就會做好自己分內的工作，不需要過度微觀地管理。

●膝蓋

在這裡,洩氣會表現在完成硬舉前膝蓋的顫抖或重心彎曲。這在比賽時會得到紅燈。

你的腳掌推地太早結束了。即使股四頭肌群和小腿後側肌群在這個階段對舉起重量沒有太大幫助,還是需要這些肌群的張力來穩定或鎖定臀部和大腿後側肌群的努力,來完成整個動作。

在 StrongFirst 的教官認證課程中,我們使用補救性的靜態重踩硬舉訓練,來教授如何在動作最高點之前都保持腿部驅動。最好光腳做這個動作,並使用輕重量。可以用槓鈴或是一對壺鈴。

呼吸輕淺,用嘶放的方式吐氣,動作過程保持繃緊。

想像你的腳掌越來越用力壓進地板。仿效前蘇聯的健力傳奇俄羅斯運動員尤里·弗拉索夫 (Yuri Vlasov) ,他曾說過,在硬舉和深蹲時,自己的腳掌會因為他施加的壓力而燃燒。

腳趾抓緊地面,有意識地給股四頭肌增加張力(**抬起膝蓋**)、臀部(**壓碎核桃**)、腹部(**為受重擊而穩固、微微縮短胸骨與骨盆之間的距離**)、腹斜肌(**向外推擠你的腹側**)和背闊肌(**反聳肩、像游泳一樣把雙臂往下往後推、折斷槓鈴**),同時放鬆斜方肌和頸部。

想想「拉長雙臂」。忽略槓鈴,專注在你的雙腳腳掌和張力上。讓訓練伙伴敲擊你的臀部、腹部和股四頭肌會更有幫助。

想像你的身體是個圓柱體。

不要後仰,也不要前傾。

不要讓胸腔鼓起或崩塌。

保持頸椎中立，成為脊椎的延續，不要往前伸，也不要用力往上抬。把你的頸椎收緊，擠出雙下巴，同時往頭頂推。

不要讓肩膀向前或向後滾動。

保持腳掌推地，要用整個腳掌，往地面狠狠用力推。這裡明顯不會有任何動作，但要堅持這個意圖。你會注意到，當你專注於這個「靜態重踩」，身體會感到繃緊。持續這樣做 10-20 秒。

透過打空拳或類似的快速鬆散動作，讓張力散去，休息 1 分鐘，然後做一個中等重量的硬舉。你將會愉悅且訝異地發現你的硬舉很有力，而且穩定，不會卡住，而且從頭到尾都用上了所有肌肉。

將靜態重踩等長收縮硬舉，與一般硬舉交替進行，組間就練習放鬆動作，像拳擊手在上場前甩動四肢緩解緊張感一樣。

抵抗膝蓋洩氣最重要的是：**從啟動到鎖死過程，都要保持腳掌推地**。

髖屈肌緊繃，是另一個會造成卡住的原因。由於臀部無法完全將髖部展開，所以為了保持相對挺直的姿勢，硬舉者會再次彎曲膝蓋，並使背部過度伸展。StrongFirst 髖屈肌拉伸應該可以解決這個問題。

● 髖部

開始拉槓時，你的屁股上翹，表示髖關節有洩氣問題。

思考一下硬舉的作弊機制。神經系統突然懷疑肌肉是否有足夠的肌力來完成原定的動作，於是迅速轉變到 B 計畫，也就是阻力最小的路

徑。經驗不足的硬舉運動員會用力推動雙腿，但槓鈴幾乎沒有移動。這位舉重者驚慌失措，將尾部往上抬，因為這樣能提供更好的槓桿，至少當下是如此。就如同所有驚慌的決定，這是短期狀況。雖然在那個位置可以更容易地移動槓鈴，但這一下幾乎不太可能拉到鎖死位置，而且非常危險，會逼迫背部屈曲，把大部分的工作做完。不過在當下，那看起來是個很好的主意。

一位經驗豐富的訓練者則會繼續用最嚴謹的姿勢堅持下去，不管有多困難，不會尋找看似更容易的捷徑。訓練者會對自己的肌力有信心，並保持動作流暢，這是肌力專業人士的特徵。

「楔緊」（wedge）是一個可以幫助你發展此技能的技術。每一位菁英硬舉運動員都會使用，不論是在有意識或無意識的狀況下。

幫 2 根槓鈴上重量，第一根是你絕對無法動彈的重量（安迪很幸運，不需要做這個練習），另一根則是可順利做 10RM 的重量。理想狀況是使用彈性硬舉槓或奧林匹克舉重槓。彎曲的槓，會提供有用且激起動力的回饋。

走向第一根焊死的槓鈴，全部準備好，吸氣，繃緊，然後身體下沉。

抓緊槓鈴，順暢地用腳建構壓力，維持數秒鐘。往地板施加力量！把髖部往前推，但髖部什麼地方也不會去，這是一種意圖，不是動作。不要讓膝蓋往前滑動。持續這個動作 5-8 秒，不是要使出最大力量，但要強到一定程度。這是一段漫長的時間，所以做的時候不要像做動態硬舉時一樣屏住呼吸，以較淺的呼吸搭配繃緊的身體，短暫嘶放吐氣就可以了。

當你完成之後，用幾秒鐘的時間緩和地釋放張力。突然釋放張力會讓你受傷。

如果你正確地做這個鍛鍊，槓鈴會彎曲，而你的身體會像塊石頭一樣緊繃，但不會動。你的下背會弓著，尾部不會急劇上揚，膝蓋不會向前滑動，手肘也不會彎曲。你會牢牢地「楔緊」在槓鈴和地面之間。

這是一種非常強烈和堅實的感覺。在你抓住等長收縮訓練的感覺之前，組間請休息個幾分鐘。如果你做了 3 組之後還沒抓到感覺，就停下來，改天再繼續。等長收縮硬舉是種需要適量使用的強力訓練。

路易・西蒙斯提供的技巧將幫助你發展出完美的楔緊訓練：「做硬舉時，雙手、臀部和大腿肌肉張力要維持住。如果只感覺到雙手的張力，就表示你只是用背部來硬舉。如果是下半身感覺到張力，那就是你試圖用深蹲的方式來硬舉。」

當你成功做出一個完美的楔緊之後，就休息個 1 分鐘，接著用 10RM 重量的槓鈴來做，槓會微微彎曲、「懸浮」，然後爆起。每次啟動時耐心地「楔緊」，做 3 次單次啟動。

當你熟練掌握了楔緊技術之後，槓鈴就會「自行舉起」。湯姆・克倫德比 (Tom Klundby) 在參加我們的壺鈴指導認證課程時，學到「楔緊」技術，並將之運用在比賽之中。結果他犯下開把重量太輕的錯誤，將楔緊技術作為他的準備活動，在他準備好之前，就將槓鈴從地板拉起。他重新調整後輕輕地拉起槓鈴，因此收到紅燈，此次犯規。比賽規定，一旦槓鈴離開地面，就算一次試舉。

臀部虛弱、起始姿勢不良、舉起速度太快和信心不足，這些都是導致髖部上抬並洩掉肌力的原因，楔緊技術就是解決以上問題的好方法。

以下是許多菁英硬舉選手，尤其是那些巨巨們已內化的精微技巧，有助於讓以強大力量啟動，且不會讓你的髖部上提。已故的梅爾・西夫博士 (Dr. Mel Siff) 解釋道：

「有個尚未被臨床醫生或科學家檢驗的增益技巧，這個技巧很巧妙且非常有效，能幫助資深舉重與健力選手在上膊、硬舉和深蹲在低點上升時的技巧，那就是用下腹的張力或反彈力量來抵抗大腿上部肌群。這種鄰近區域肌群的接觸方式，不僅增加了穩定性和預伸展，還可以為所有舉重動作最重要的初始階段，也就是在靜態條件下產生最大肌力時，提供液壓或彈性的反彈力量。然而，如果這時試圖『收緊腹部』或吐氣，這個具有極大提升效率的重要技術就會失敗。因此，如果你正常是要做最大重量或是大重量的奧林匹克舉重、硬舉或是深蹲，就需要避免採用這類有其意義但可能會造成危險的建議。」

簡單來說，讓你大腿上部和下腹部保持接觸。穩固腰部，然後當你開始拉或是從深蹲底部開始推，就將肚子離開大腿，以發動初始的髖部伸展。不用說，如果你的腰跟女生一樣細，就不可能辦到。同時間，要用臀部驅動。

這個技術會如此強大有幾個原因。首先，它會「縮短」脊椎和股骨，並改善槓桿。想想看：大腿和腹部接觸的地方就成為你的「新髖關節」，至少在動作的第 1 英寸是如此。

第二，就是梅爾・西夫所提及的「呼吸彈性回縮」（pneumo-elastic recoil）。腹部實際上會推動你的大腿，就如同一個懶惰或虛弱的人從椅子上站起來時，腹部會推動大腿。

這個技術最終被放到這裡，是因為它鼓勵你以髖關節伸展來啟動硬舉。而按定義講，這和讓臀部上推（膝蓋伸展而髖關節不動）相反，除此之外，還有其他好處。

這是個精微的技術。如果你花了很長時間才搞懂，也不用沮喪。善用這個機制和你的臀肌，微微拉個 1 英寸左右的硬舉，就是一個很好的練習，感覺會很棒。

●腰椎

如果槓鈴離開地面時，你的下背開始圓起來，那就表示你的肌力洩掉了。根據阿爾卡季・沃羅比約夫（Arkady Vorobyev）教授對於奧林匹克舉重選手的研究，下背弓起時，拉力會增加 8.3％。[4] IPF 俄羅斯健力國家隊總教練波瑞斯・薛可（Boris Sheyko）解釋說，這種弓姿增加了軀幹的剛性，且更能將運動員的腿部肌力轉移至槓鈴上。

背部和中段肌肉虛弱是這類洩氣的主要成因。

第二個原因是缺乏鎖定中立脊椎和穩固的技術。一個習慣用背硬舉的人，可能擁有俄羅斯鐵人所說強悍的「柱子」，也就是豎脊肌，但卻是以動態而非靜態方式來使用它們。練習你的 StrongFirst 平板式，並將你的硬舉想像成一個「移動平板式」（在這裡，我要向丹・約翰致敬）。

試試看以下由世界冠軍瑟吉・葛拉迪亞（Sergey Glyadya）和烏克蘭的米哈伊爾・史塔羅夫（Mikhail Starov）教授推薦的硬舉變化。做弓背和穩固，只是這些練習提供的許多好處之二而已。

慢速硬舉

變化速度：

- 3 秒上，3 秒下
- 5 秒上，5 秒下
- 10 秒上，10 秒下

停留硬舉

根據葛拉迪亞和史塔羅夫的建議，在下列 3-4 個動作高度，各停留 2-5 秒鐘。

- 距離地面約 1-2 英寸（2-5 公分）
- 略低於膝蓋
- 略高於膝蓋
- 到達鎖死位置

你可以只在硬舉時的**向心收縮**動作、**離心收縮**動作或是兩者都做。每組動作都不要超過 3 次。

這種訓練的好處遠遠不止於修補背部洩力。烏克蘭訓練專家保證：「這個練習不僅會幫你磨練技術，你還會學到如何突破障礙點，以及當槓鈴卡住時如何跟重量一起前行。」

到膝蓋的硬舉，最好是站在箱子上

到達膝蓋位置，停留 3-5 秒。

至障礙點的等長收縮硬舉

不使用助握帶，在日常硬舉訓練後做這個練習。你可以選擇以下時間與組數的作法：

- 3 秒 ×5 組
- 5 秒 ×3 組
- 10 秒 ×1 組

沒有使用髖屈肌「扭緊」動作起始定錨點，是你可能無法保持弓背的原因之一。請回顧本書開頭的〈把自己往槓鈴的方向拉〉單元。

● 胸椎

開始將重量拉起時，你的上背可能會圓起來，越屈曲，開始拉起來那段會比較容易，但要完成動作會比較難。

無論你一開始胸椎屈曲的程度有多少，一旦槓鈴開始移動，就不可以再增加了。如果你在硬舉結束動作時上背會彎曲，那麼半行程硬舉是一個可行的矯正練習。波瑞斯・薛可建議從略低於膝蓋的位置開始拉。顯然，你不能拉太重使得上背塌陷，否則就會違背了這項練習的目的。像康斯坦丁諾夫，他的上背極度屈曲，就會使用搭配彈力帶的硬舉練習來增強他的完成動作。

麥吉爾教授設計了一項創新的動作，能夠以雷射般的精準指出所有上背部的弱點。

面朝下臥於平擺或傾斜的板凳上，軀幹胸骨上方的部分懸空。如果長凳是平的，會需要有人壓住你的腳。一隻手上拿著重量，讓你的脊椎微微屈曲並旋轉，同時將重量往下幾英寸。然後拉回來，將脊椎恢復中立。不要聳肩，也不要過度伸展。換另一隻手重複上述動作。

然後，在板凳上朝上滑動，使更多軀幹離開板凳，並重複此動作。麥吉爾教授建議做到 7-8 級，以啟動所有的背部伸肌動作單元。

「通常一開始手中的負荷不會太大，因為目的是專注於能夠感受到肌肉不同部分並啟動它們的能力，在這裡，最重要的是內心意象。

「背部伸肌運動期間移動支點，是一種訓練肌肉內不同動作單元的根本方法，支點會系統地沿著軀幹上移，每次位置改變都會稍微改變力學需求，這會有系統地刺激背部伸肌動作單位的每一部分。」

科學家堅持我們要把重點放在感受正確的肌肉。「想像力加強了可利用的每個動作單元的啟動。」

你可能需要在長椅頂端放一塊短小、堅硬的墊子，好讓你舒適地在邊緣垂掛，或者躺在瑜珈球上，把腳掛在一個固定的物體上。

●肩胛骨

開始拉的時候肩膀聳起或後仰，會造成肩胛骨洩氣，這是明顯的初學者錯誤。

無法用背闊肌將槓鈴拉離地面，或用不正確的方式動作，是另一種問題。我所謂「不正確」的方式，是如彎身划船般揮動「翅膀」動作。正確的動作類似於體操的前水平（front lever）動作。背闊肌應該如同一個整體般收縮，同時與前鋸肌和腹斜肌一起「收緊」你的側面，而你的肩膀也應該朝骨盆反聳肩。

儘管極度突出肩胛骨可以縮短行程，但這會妨礙你在動作最高點時收回肩膀。你需要根據自己的情況調整肩胛骨突出的程度。

我所了解最佳的背闊肌負荷技巧，是我從馬克・瑞福凱德所學來的。

站在槓鈴上方時，擺好下背部的弓形，並在膝蓋稍微屈曲時穩固好。下降時，吸氣且保持張力。抵達槓鈴高度的過程會很辛苦，就像在對抗非常緊身的舉重裝備造成的阻力一般。這會讓你向下伸展肩膀，並防止你的臀部降得過低。

一次調整一隻手的握槓，要做到這一點是關鍵。握住槓上有紋路的地方時，繃緊你的手臂和肩膀。身體在努力抵抗真實或假想的舉重服、緊身短褲和護膝的阻力時，嘶放一點空氣。將舌頭頂在牙齒之間，收緊您正要設定握力的那一側腹肌和斜肌，並在高壓下放出一點空氣。

如果正確執行上述動作，你的背闊肌將會鎖定在非常強壯的狀態，槓鈴會明顯彎曲，練習這種技巧最好使用彈性強的硬舉或舉重槓鈴。你的腰部也會完美地做到穩固。如果你仍然「難以下降」，再用另一隻手輕輕觸碰槓鈴，然後再重複上述步驟。現在，把你的臀部下降到適當的深度，接著來拉吧！

這個技術值得耐心練習來做到正確，它可以讓你繃得很緊、強化連動和增強槓桿。

●手肘

如果你開始硬舉時手肘屈曲，重量很快就會使讓它們重新伸直。你想接受二頭肌腱接合手術嗎？

當你下降到槓鈴高度時，將你的手肘鎖死，同時限制三頭肌的動作……並且保持這樣的姿勢。

如果你硬舉的時候手肘就是沒辦法不彎，那當你要開始拉的時候，選一個位於正前方，更高的注視點，而不是看著你面前 6-10 英尺的地面，也許這樣會比較好。

●手腕

在設置握法時，手腕呈鵝頸狀（編注：手腕彎曲）可能會是個問題。
健力界傳奇選手瑞奇・戴爾・克雷恩 (Rickey "RDC" Dale Crain) 表示：
「如果握槓時手掌旋轉，當重量向下拉動並將旋轉的手（彎曲的手
腕）拉回到垂直位置時，槓鈴很可能會滑掉。」

所以不要這樣做。

●手指

槓鈴往你的指尖滾，那就是你的手指洩氣了。接下來，安迪馬上就會
讓你知道該怎麼處理。

硬舉和深蹲的輔助訓練

 初學者需要精通「硬舉」的動作姿勢。

要做到這一點，就必須領悟什麼才是良好的姿勢，然後反覆練習，直到姿勢變得自然而然。

初學者不需要太多變化。

然而，當你的姿勢非常出色，但簡單的訓練週期（像是 3 組 5 下的訓練課表）卻無法再讓你建構肌力時，可能就會到達一個停滯點。在舉重領域裡，我們稱之為「高原期」。

問題在於，你要如何克服高原期？

當然，你不能老是重複做同樣的事情，然後期望會有不一樣的結果，這樣非常荒謬。

你必須做些不同的事情。

現在，假設你在鎖死這個動作很弱。

你可以試試做部分半行程硬舉。

如果你是從地板上拉起比較弱，那你可以試試看透過增加動作幅度來改善，像是做赤字硬舉。

半行程

我喜歡從膝蓋以下的不同高度來做半行程訓練。

在膝蓋以上高度訓練，根本只是在練自尊心而已，也是能快速造成過度訓練或受傷訓練方式。讓你的半行程訓練維持在離地 2 英寸（約 5 公分）的距離，以及膝蓋底部的位置。

這個動作可以用墊子、木箱或是深蹲架的保護槓來進行。我比較偏好墊子或木塊，有兩個原因：

一、你不會把槓鈴折彎，如果你做很多半行程訓練，可能會花很多錢重新購買器材。

二、從木箱或墊子拉起重量時，你會完成正確的屈曲動作，若是從保護槓拉起則不會。

如果你開始做半行程訓練，不要犯下錯誤就此不練從地板上拉起的訓練，否則你會在鎖死這邊很強，但從地板上拉起變得很弱。

要找到半行程和全行程之間的平衡。

赤字硬舉

我從來沒有做過這個訓練，因為我從地板上拉起這個部分一直很強，但如果你需要更多起始肌力，這是一個有效的動作。

我更傾向於 1-2 英寸（約 2-5 公分）的赤字，畢竟我還沒有看過任何人在墊到高過 2 英寸的墊子時，還能保持完美的硬舉姿勢。

負責在深蹲和硬舉中舉起大重量的主要肌群都是相同的肌群，分別是大腿後側肌群，臀部肌群和下背肌群。

由於這個原因，深蹲和硬舉的輔助訓練大致上相同。

但是，有兩個值得注意的例外：上背部和握力訓練。

握力訓練與深蹲沒有關聯性，我認為上背訓練主要是對硬舉有益，但對深蹲和臥推也有相當助益就是了。

讓我們先來看看深蹲和硬舉的輔助訓練。

腿推

每個星期三，練完深蹲和硬舉之後，就來練這個動作。

我把腿推放在我的每週訓練計畫之中，因為前面做了大重量槓鈴訓練後，我的雙腿已經熱好身了。

腿推訓練能夠以健美選手的方式訓練我的股四頭肌、臀部和大腿後側肌群。我的深蹲和硬舉都是做每組 1-5 次，因此我用中等重量，以每組 10-15 次來訓練腿推。這樣做可以讓我的大腿變粗，最終也讓我更強壯。

週三課表看起來會像這樣：

- 深蹲：大重量肌力訓練（低反覆次數，組間休息較長）
- 硬舉：大重量肌力訓練（低反覆次數，組間休息較長）
- 腿推：健美訓練（適中的重量，休息時間較短，約 60-90 秒）

腿後勾

我會在星期六進行我的輔助訓練。

用腿後勾來訓練大腿後側肌群。

我通常會做 3-4 組，每組 10-20 下，來增加大腿後側的肌肉量和韌帶與跟腱的強度。大腿後側肌群對深蹲和硬舉來說都相當重要，所以這個動作很有價值。

保持短休息時間，約 60 秒。

壺鈴擺盪

這也是星期六做的訓練。

壺鈴擺盪會狠狠鍛鍊到大腿後側肌群、臀部肌群以及下背肌群，還能幫助建立驚人的核心肌力和強大的臀部驅動力。

如果你想要讓你的深蹲和硬舉的後半部動作變得穩定而敏捷，把這些動作加入你的訓練課表之中是非常棒的選擇。

1 組 5-10 下的效果會很好。

擺盪不是深蹲加前平舉的組合，雖然有 90％ 的人這樣誤用這個動作就是了。真正的壺鈴擺盪要在腿幾乎伸直的情況下讓身體前傾，再接一個強力的髖部驅動。下降時，將壺鈴保持在接近跨下的位置，讓爆發力從你的髖部投射到不同的高度。

如果你感覺到重量在你的肩膀，你做錯了。你應該感覺到力量在大腿後側、臀部和下背。

坐姿提踵

這還是在星期六做的訓練，我做這些坐姿訓練，避免對脊椎造成更多負擔。

我做 3 組，每次 10-20 下，只是為了鍛鍊小腿後側肌群。做這個動作時，我不會設定任何紀錄目標。

核心訓練

核心肌群也是在星期六訓練，通常會選擇 2-3 個動作，做個幾組。

以下是我常用的核心訓練動作：

- StrongFirst 平板式（2-3 組，每次撐 10 秒）
- 捲腹，腳的站位會作變化（2-3 組，每組 10-30 下）
- 啞鈴側屈體（2-3 組，每邊 6-10 次）

上背訓練

通常，我在星期四做完深蹲之後，和硬舉訓練日之前，或在星期六，會做上背訓練。

上背訓練是採用健美式訓練，後續會詳細說明。

握力訓練

我硬舉拉超過 950 磅（431 公斤）之後，握力就成了問題。

你可能永遠不需要訓練握力，但如果你要，我現在要警告你：如果你問 50 位世界冠軍如何訓練握力，你會得到 50 個不同的答案。

我可以說的是，我的硬舉重量 950 磅（431 公斤）增加到 1,008 磅（457 公斤），所以我一定做對了些什麼。

以下是我覺得對我的硬舉有最大幫助的握力訓練。

聳肩

這些動作可以用全握或不用拇指的虛握，但絕不能用助握帶，因為那就失去這個訓練的意義了。

這個動作我喜歡做很重，通常會用金字塔式，一路從 1 組 3 下增加到 8 下，通常總共會做個 3-5 組。

以下為範例：

100 公斤 ×3 下

140 公斤 ×3 下

180 公斤 ×3 下

220 公斤 ×3 下

250 公斤 ×3 下

指力捏握訓練

這可以用很多方式來做：

- 單臂或雙臂一起
- 用或不用止滑粉
- 以次數計算
- 以時間計算
- 不同厚度或壓板材質

指力捏握訓練真的有助於增強拇指肌力。我發現我最好的結果往往來自於我經常變換不同的動作。

第 1 週，以適中的重量做個幾組 5 次。

下 1 週，嘗試最大重量單下。

再下 1 週，嘗試最大重量持續握 10 秒。

粗槓訓練

使用過粗槓之後，會覺得一般的槓鈴看起來像是玩具。

粗槓可以用在全行程硬舉（雖然我不喜歡這樣）、半行程硬舉（我喜歡這個），或是只在深蹲架上移動個 1-2 英寸，然後維持一段時間。

不論你選擇何種變化，你可以不動抓著重量持續一段時間，或是反覆做個幾下。如果是抓著持續一段時間，不要超過 20 秒，這只會讓你訓練出耐力，而不是肌力。

我的一個訓練夥伴抓著 100 公斤的重量堅持了 60 秒，而我必須竭盡全力才能夠堅持到 61 秒。我的手臂和手指在接下來的 2 天非常痠痛。當時他的體重為 90 公斤，能夠拉起 260 公斤。

我的體重 160 公斤，可以拉 457 公斤（1,008 磅）。

那天，我意識到，對於提升硬舉抓握力量來說，超過 20 秒，甚至維持 10 秒，都是在浪費時間。

壺鈴擺盪：
殺手級硬舉輔助訓練

P朗・費南多（Ron Fernando）是資深健力選手，他在《健力美國》
（Powerlifting USA）雜誌中寫道：

「舊時代傳奇大力士赫爾曼・戈爾納（Herman Goerner）卓越的背部和握
力，有些是由於持續使用壺鈴而發展起來。壺鈴作為建構硬舉力量
的用途，已由當前健力超重量級總和重量紀錄保持者唐尼・湯普森
（Donnie Thompson）證實。請看看唐尼這一段話：『我們真的沒有看到任
何像壺鈴這樣能 100% 轉移到一項運動的東西。我的意思是，壺鈴的
一切都可以轉移到健力上。』這是赫爾曼・戈爾納在近 100 年前，一
次又一次的證明了這點。」

赫爾曼・戈爾納只使用兩隻手的食指和中指硬舉 270 公斤，並用一隻手
把兩個合計 85 公斤重的壺鈴舉過頭。

不久前，我注意到安迪的硬舉與壺鈴擺盪的相似之處，便問安迪：「如果我錯了請糾正我：你似乎試圖保持脛骨垂直，不考慮腿部驅動，並在開始時立即向前彈起臀部。」

這位硬舉大師回答：「是的，你說對了，那就是我硬舉的方式。窮盡所能使髖部盡速向前移動。我真的沒有考慮腿部的事情太多，雙腿會在我不去思考的情況下完成自己的任務。」

壺鈴擺盪是你可以做的最佳硬舉輔助訓練之一。這種訓練培養了強度極高的鎖死能力，並且使背部堅不可摧。唐尼‧湯普森無疑是第一位為此目的使用壺鈴擺盪的菁英級健力選手。他將自己的硬舉從 766 磅（347 公斤）提高到 832 磅（377 公斤）的功勞歸於壺鈴，同時也告別了過去一直困擾他的背部問題。

壺鈴擺盪如何建構硬舉能力？

「在不消耗硬舉肌肉的情況下使用它們。」唐尼的教練比利‧麥克爾維恩（Billy "Mr. Haney" McElveen）這樣建議。

「跟大多仰賴彈性回彈的增強式訓練不同，壺鈴擺盪的速度慢到足以好好使用肌肉。」路易‧西蒙斯這樣跟我說。

布萊德‧吉林漢姆（Brad Gillingham）是另一位菁英級硬舉選手，他也是透過壺鈴擺盪，一邊變強，一邊修復背部：「兩年前背部受傷後，我開始將壺鈴擺盪納入我的訓練。嘗試過幾次令人沮喪的復健後，我將壺鈴擺動整合進訓練課表，並在幾個月內就能夠參加比賽。此外，我發現這個動作對增加我的髖部伸展肌力非常有益。」

整個故事是這樣的：

帕維爾，

在 11 月，我髂骨端的背闊肌撕裂。訓練時真的很難受。受傷的地方感覺幾乎已經康復了。我受傷部位附近的臀部和背部肌肉十分緊繃。我接受過無數次的按摩、脊椎矯正和針灸治療。這些都有幫助。我原本打算退出阿諾硬舉賽，但後來我很聰明地買了一些壺鈴。我早幾年就應該這麼做的。我做壺鈴擺盪已經有 1 個月了。我先買了一個 24 公斤的壺鈴，隔週又買了一個 40 公斤的壺鈴。這兩個壺鈴對我幫助極大，過去 1 個月我已經能夠進行一些拉動作的訓練了。訓練前，我用 24 公斤的壺鈴做 3 組 10 下，訓練結束後，我用 40 公斤的壺鈴做 2-3 組 20 下。這真正是在鍛鍊！阿諾硬舉賽結束後，我打算再買一個 48 公斤的壺鈴。我的深蹲感覺好多了，不僅我的背部變得更厚實，大腿後側和臀部肌群也是。這是個極好的訓練！

布萊德

壺鈴擺盪是一種彈震式訓練。擺盪時產生的力量高得驚人。密蘇里大學研究員也是我們前任資深教官布蘭登・赫茨勒（Brandon Hetzler），讓我和幾位同事踩在一個力量板上，用 53 磅（24 公斤）的壺鈴做壺鈴擺盪。所產生的力量超過 500 磅（227 公斤）。這樣你可能就明白，像唐尼和布萊德這樣強壯到爆的人，可以透過擺盪這麼輕的重量來提高他們的硬舉能力。

要做擺盪，使用相撲式窄站姿，壺鈴放在你前方幾英尺的地方，這樣當你抓住壺鈴時，壺鈴會對你的後側鏈產生預負荷。用一隻或兩隻手抓住把手。跟硬舉不同，不必緊握把手，而是用手指勾住壺鈴把手。

積極地將壺鈴向後擺過雙腿，然後迅速站起來。你的髖部就像一張拉開的弓，將壺鈴直接向前彈到胸部高度。這就是壺鈴擺盪的精要。

以下是一些安全守則：

- 穿上讓自己感覺就像赤腳一樣的鞋，或是光著腳訓練。
- 如果你犯了錯誤，而壺鈴的力量把你往前方拉，讓你的腳跟向上抬起，那就把壺鈴放下。
- 一旦你喘不過氣，走動一下，直到你的心跳降低一些。

這就是壺鈴擺盪按部就班的進程。

毛巾擺盪

許多初學者都會把壺鈴擺盪變成前平舉，但這根本不是！在這裡手臂像是在搭便車，像根伸直且放鬆的繩子一樣傳遞力量。用毛巾擺盪會讓你明白這一點，並且教會你完美的時間掌握要點。

將一條助握帶、繩子或短毛巾穿過壺鈴把手。使用一個很輕的壺鈴，例如，對於一個平均身材和肌力的人，一個 16 公斤的壺鈴就夠了。毛巾會讓它感覺更重。如果沒有比 24 公斤更輕的東西，毛巾擺盪的高度要很低，差不多就擺盪到腹部高度。女性應該把這些重量減半。

抓緊毛巾接近把手的位置。稍微後退一點，採取游擊手站姿，或是熟悉的體操站姿，這是參考相撲壺鈴硬舉練習的姿勢。

傳統上是直視前方，這代表在動作底部位置時，脖子稍微伸展了。另外一種選擇，是保持脖子中立作為脊椎的延續，而且完全不移動，就像安迪在做硬舉時一樣，在最底部拉起時，注視著距離自己前方 6-10 英尺（1.8-3 公尺）的位置，動作頂端時則正視前方。看哪一種舒服就挑哪一種即可，這適用於所有類型的壺鈴擺盪。

將重量轉移到腳跟，吸一口氣，將壺鈴往後帶入雙腿之間。瞄準高處：壺鈴往後擺盪到最後，前臂會碰到大腿內側上部，上臂要緊靠肋骨。到了這個步驟，迅速伸展髖關節並站直，變成「立正姿勢」。

這和安迪的硬舉動作一模一樣。

「站直」並不代表「後仰」。這同樣也適用於硬舉。

猛烈地收縮臀部，就像要壓碎核桃一樣。

鎖住你的膝蓋，這個指導語可以讓你強力鎖住膝蓋而不會過度伸展。

保持雙臂伸直且放鬆。

你的髖部驅動會將壺鈴帶往身體前方。如果壺鈴位置的最高點在你的鼠蹊部和胸部之間某個位置，那就是做對了。不要試圖將壺鈴擺盪得更高！

「壺鈴擺盪是一種將能量往前投射的訓練。」StrongFirst 教育總監布列特・瓊斯（Brett Jones）這樣強調。

保持臀部收縮，雙腿和身體保持直立（想像一下站立平板式），讓壺鈴往後方擺動，用你的背闊肌引領它的擺盪。最終，你可以主動加速，來得到更大的彈震負荷。

當你的前臂快要接觸到鼠蹊部時，迅速地透過髖部的髖關節鉸鏈來快速躲開。

再一次爆發性地站起。

整個動作過程，即使你已經放下壺鈴，你的脊椎也不應有任何動作。全部都是藉由髖部完成。

現在，將重量放在腳跟。

不要屏住呼吸，我現在不會告訴你該怎麼呼吸，只要呼吸就好。

將壺鈴放在地上，此時不要卸載腳跟的負荷，也不要失去中立的脊椎姿勢。記住：只有在壺鈴安全停好之後才算完成！

P 如果你的技巧正確，毛巾會伸展並與壺鈴一起，形成你手臂的延伸。如果你用手臂舉起重量，而不是以髖部投射力量，壺鈴會下垂或旋轉，毛巾就會折斷。毛巾會放大你的錯誤，給你明顯的回饋，並在幾分鐘內教你如何正確擺盪……

做 10 下後停止，休息片刻，然後再做 1 組，這次在每次動作開始時大聲喊出數字，你就會開始學習良好的呼吸習慣了。

接著，在時間點上花點心思。你很快就會注意到在髖部驅動力和壺鈴的飛行之間存在一個時間差，就像是在揮拳。毛巾揭示了壺鈴擺盪技術的重要細微之處。繼續執行壺鈴擺盪，留意你用力的時間掌握。試著讓壺鈴在頂點時，暫時變得毫無重量。

動作要有爆發力，但不要急急忙忙地甩壺鈴。上臂與肋骨接觸時間越長，效果越好。讓壺鈴在你髖部驅動力像波浪一樣時跟上。急著做壺鈴擺盪，就像只用手臂的力量揮拳，效果不佳。

你的毛巾擺盪動作到最高點時，有兩條直線嗎？

- 第一條：你的手臂──毛巾──壺鈴
- 第二條：你的腿──你的上半身──你的頭

一旦你成功將兩條直線完成，你就準備好要做經典的壺鈴擺盪了。

雙臂壺鈴擺盪

站在壺鈴後方約 1 英尺（約 30 公分）距離，往後坐，雙手握住壺鈴把手。輕輕握住把手就好，差不多是勉強用手指鉤住它的程度。握太緊會讓手臂僵硬，沒辦法擺盪出爆發力。

注視正前方，或是盯著 6-10 英尺前的地面，由你自己決定。

P

把重量放在腳跟，這非常重要！同時將你胯後的壺鈴往前施力，拉到相當靠近你鼠蹊部的位置。驅動髖部開始擺盪。

把髖部往前挺，不要讓膝蓋往前滑動。把你的脛骨想像成槍管，將你的髖部力量直接往地板發射，就像你在做硬舉時一樣。

保持你的手臂透過背闊肌與軀幹連結，而不是透過肩膀。擺盪到頂端時，不要讓肩膀向前滾動。在硬舉鎖死位置時，將肩胛骨向後拉。

每組動作完成後，注意壺鈴的放置位置。在回擺後，讓壺鈴被動地向前擺動一點，然後將壺鈴放置於你的雙腳之間。不要彎曲你的背部或讓腳趾向前滑動。等到把壺鈴安全放好後，再放鬆身體。

如果你的胸部非常大，雙手擺盪可能覺得有點不流暢，因為它會迫使你的胸部塌陷和上背部彎曲。如果是這種情況，可以先練習毛巾擺盪，然後再做單臂和雙臂壺鈴擺盪。

力量呼吸

做所有類型的擺盪，壺鈴位於你前方，在你即將穩固，並將壺鈴向後穿越雙腿時，透過鼻子猛吸一口氣。

擺盪到最高點時，就發出爆炸性的「殺！」，就像空手道家擊碎木板一樣。

「壺鈴擺盪對腹部肌肉的鍛鍊非常有益。」路易‧西蒙斯觀察到。這種武術式呼吸是其中一個原因。

不要將所有氣都放掉，甚至不要超過一半。流失空氣會使你的背部變得脆弱。

呼氣收縮腹部時，不要讓頸部向前突出。如果你有這個問題，請在背靠牆站立的狀態下練習爆發力呼吸。

在壺鈴即將到達動作最低點時，腹部吸入下一口氣。這應該是用鼻子猛吸一口氣。

死硬式擺盪 (dead swing)

這種壺鈴擺盪的變化式，是瑞福凱德邪惡智慧的產物，對健力選手來說是完美的訓練法，因為它迫使你 1 次只做 1 下。這將使每次擺盪都更加困難，同時也為你的技術提供了更多洗練的機會。「死硬」一詞是指載重重量 (dead weight)。順便說一下，在古代，硬舉 (deadlift) 曾被稱為「死亡重量舉」 (dead weight lift)。

P 開始像平常一樣。做完第 1 下之後，讓壺鈴在你後方擺盪，好像在準備擺盪下一次。但身體不要站直，請保持往後坐。壺鈴會自然地向前擺盪。讓壺鈴落到你前方的地上，回到開始動作之前的位置。同時將你的重量往後放到你的腳跟上。重複做 5-10 組連續的單次。每次都用你的背闊肌強力地將壺鈴往後拉。

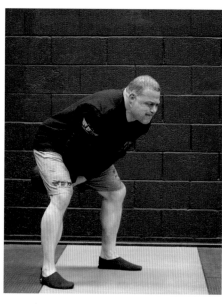

單臂擺盪

在麥吉爾教授實驗室的測量結果顯示，許多肌肉，例如背闊肌、臀肌及腹斜肌，在只用一隻手擺盪壺鈴時會更加用力。

單臂擺盪律動和雙臂完全一樣。但單臂會讓身體扭曲，並把肩膀從關節槽拉出，你必須做出反應。努力保持肩膀端正，在每次擺盪的最高點，就像烏龜把頭收起來一樣，拉回肩膀。

換手擺盪

等到你單臂擺盪已經很熟練之後，可以做做看換手擺盪，但得在一個你不怕壺鈴摔到地上的地方。

學會用肩膀而不是肱二頭肌在每次擺盪的頂端將壺鈴拉近，以「馴服弧度」。你的手肘會稍微彎曲，但這只應該是肩膀拉動的結果，就像優良的奧林匹克舉重動作。

如果壺鈴脫手，小心不要向前伸手去抓，就讓它掉下去吧。

盡全力繃緊你的臀部肌肉，並迅速彈出髖部，使壺鈴在一瞬間「失重」。不要匆忙地下沉，讓壺鈴在保持臀部繃緊的狀態下漂浮。

換手擺盪有助於強化髖部的爆發移動，並強化擺盪的彈震本質，「一種快速的收縮運動……一種彈震式的收縮運動……是以短暫的收縮時間和高速產生力量開始，然後立即轉成完全的肌肉放鬆。」❺

髖部產生了一個衝擊波，就像揮拳擊中目標一樣，擺盪時，在髖部推動完成和壺鈴到達最高點之間，有一個短暫的延遲，壺鈴會失重的漂浮。否則，會變成一種推動、一種前平舉，而非打擊和擺盪。

聽聽唐尼·湯普森的心得和提醒：「用極大的力量做鎖死，不要被動地擺盪。」

側步擺盪

足球運動員做側步是有其明確目的,那為什麼健力選手要花時間做這種訓練?槓鈴又不會想要躲開你。

原因在此:這種擺動是一個很棒的臀部輔助訓練,部分原因是你移動的方向。而且,正如 StrongFirst 教育總監布雷特‧瓊斯所觀察到的,這是你能做到最接近單腳擺盪的動作。

以雙手擺盪,在擺盪行程最高點時,讓左腳貼近右腳。當壺鈴向你的膝蓋靠近,右腳往右邊站一步,引導壺鈴朝它應該行進的方向擺動。接下來,自然就是移動左腳。

先不用壺鈴,練習一下動作。

雙壺鈴擺盪

用兩顆重壺鈴擺盪，會建立強大的髖部力量，此訓練無法容許技術上的缺陷。羅伯・勞倫斯（Rob Lawrence），和往常一樣，總是言之有理：「雙壺鈴擺盪讓理論變成現實。」

挑戰雙壺鈴之前，你需要花許多個月的時間練習單壺鈴擺盪。

將 2 個壺鈴平行放置，握把成一直線。

拿 2 顆大重量壺鈴的時候，你需要做一些技術調整。首先，站姿稍寬一些，以保護你的膝蓋。第二，從俄羅斯壺鈴舉重員所說的「高站姿」轉換到低站姿。

如果你重 180 磅（82 公斤），而後你保持脛骨垂直且重量放在腳跟的情況下，把一對 70 磅（32 公斤）壺鈴往後拋遠，你將無法站穩雙腳。這不是肌力問題，而是物理學。你身體和壺鈴的重心都必須移到你的雙腳腳掌上。

有一件比較明確的事你可以做：不要像你平常那樣把壺鈴拉得太後面。無論如何，現在你加速壺鈴的距離會比較少。在像健力般的純肌力活動中，短行程是一大優勢，這就是為什麼同體重級別的健力選手中，優秀者的身高都比較矮。但是在像投擲活動那樣的爆發力活動中，就不是這樣了，這就是為什麼成功的投擲者都比較高。

壺鈴擺盪是一項爆發力活動。我們如何在不把壺鈴往後拉的情況下保持加速距離？我們透過對它們做更多向下移動來做到這一點，所以你會用到更多股四頭肌。

早先做壺鈴擺盪時，你會維持把重量放在腳跟來學習怎樣運用後側鏈，並保持安全，免得前傾或背部過度負荷。當你開始做更重的壺鈴，物理學上就不允許你這樣做了。現在你需要學習怎樣在壺鈴擺盪最低點時把重量移動到腳掌中心。把力量大大的放在跖丘與你的腳趾，但不要把腳跟的力量洩掉！你必須讓你的膝蓋前推，大約推到腳趾的一半處。這將改善你的股四頭肌的槓桿，並讓擺盪的下半部行程更強大。

在擺盪的最高點，執行情況也會改變。壺鈴現在就在你的前方，會將你往前拉。你的腳跟必須狠狠用力踩穩，就像玩拔河一樣。然後用力把肩膀往後拉。

在你準備好承擔 2 顆重壺鈴之前，從死硬式擺盪和低位擺盪開始練習，隨著對平衡的信心增強，逐漸把高度提高到心窩位置。同時，練習我們之前教過的靜態重踩硬舉。

做單壺鈴擺盪時，你可以選擇直視前方，或在擺盪的底部位置保持頸部微微伸展，而雙重壺鈴擺盪時，你最好模仿安迪硬舉時的頸部和眼睛技巧。頸部完全不要移動。在動作最低點時，看著前方 6-10 英尺（1.8-3 公尺）的地面，在最高點時，自然地讓你的眼睛向前看。

傑夫·歐康納和丹·約翰提出了一個非常有效的雙壺鈴擺盪變化：使用不同尺寸的壺鈴，差距越大越好，比如 16 公斤和 32 公斤。以這樣的方式擺盪，使壺鈴以相同的速率移動，輕的壺鈴速度不超過重的壺鈴。保持髖部和肩部姿勢，不要扭曲。這對穩定能力來說是一個極好的挑戰，對臀部肌群也是一個很好的鍛鍊。

顛峰爆發擺盪

我們想要指出的是，雖然你應該努力訓練自己，以稍微緩慢的方式建立起能夠擺盪 2 個重壺鈴的能力，但絕對不可忽略以你 30％體重為壺鈴重量所做的單手爆發擺盪。根據布蘭登·赫茲勒（Brandon Hetzler）的研究顯示，這是產出最大爆發力的最佳重量。

不管哪種肌力程度、男性或女性都適用。

超快速離心擺盪

開始擺盪一個重量不超過你 20-30％體重的輕壺鈴。

使用兩隻手，用單手超快速擺盪很難甩過膝蓋高度，也不值得冒險。

現在來到有趣的部分了。把壺鈴盪到最高點，然後再往下落約 1 英寸（2-3 公分），這個時候，用力拉回壺鈴，迫使它回到你的雙腿之間，接近你的鼠蹊部，以為下一次動作做準備。利用你的背闊肌和三頭肌的長頭（編注：連結肩胛骨和上臂肱骨的肌肉），用爆發的方式將壺鈴盪起。

使用你的拮抗肌，原本是執行超快速離心擺盪最簡單的方法。不過吉姆‧史密斯（Jim Smith）和傑德‧強森（Jedd Johnson）開發了另外兩種技巧，雖然更複雜，但強度也更高：使用環型迷你彈力帶，或跟訓練夥伴一起做。

一條彈力帶，加上 24 公斤的壺鈴，對中階男性健力選手來說，就足夠了。雙腳踩在彈力帶上，另一頭繞在壺鈴握把上，看起來像個「8」。名訓練中心「迪索大隊」（Diesel Crew）這麼解釋：「目標是速度和爆發力，如果速度受到影響或者減慢，就停止動作。如果無法達到目標速度，降低壺鈴重量。」或者選擇一條更細的彈力帶。

不幸的是，彈力帶會讓壺鈴無法懸浮。有狀況時，你必須立刻逃開，跟訓練夥伴一起做的版本則不會出現這個問題。

做幾次一般的壺鈴擺盪之後，當壺鈴到達動作最高點、懸停並下降 1 英寸時，讓你的夥伴輕輕地將壺鈴推回。在接下來的每一次反覆動作中，夥伴應該逐漸增加力道。當然，要在合理範圍內。摔個狗吃屎不會讓你變得更快或更強壯。

對於上述任何一種技術，應該限制反覆次數。這適用佛科軒斯基 (Verkhoshansky) 教授的深跳 (depth jump) 指導原則：有經驗的體育員每週不應超過 4 組 10 下，每週練 1-2 次。

這正是唐尼·湯普森所做的，他是健力總和世界紀錄保持者，登錄重量總和 3,000 磅（1,360 公斤）：每週用 48 公斤「野獸」做 4 組 10 下壺鈴擺盪加壓。考量到他的硬舉重量高達 800 磅（363 公斤），一個 106 磅（48 公斤）壺鈴可能算是輕重量。對於還沒準備好的的運動員來說，2-3 組，每組 5-8 下就夠了。

由於超快速離心擺盪與深跳相關，這位俄羅斯人對於增強式訓練使用的呼吸建議也適用於此。根據佛科軒斯基教授在《超級訓練》(Supertraining) 中所述：「正確的呼吸對於增強式訓練至關重要。在減震與早期推進階段，運動員必須屏住呼吸以穩定身體，提供氣動緩衝和增加反彈力。在推進階段的其餘時間，應伴隨著強制呼氣。」

超快速離心擺盪的好處不僅限於跳躍能力。迪索大隊也提到這個訓練「能夠提升各種肌力運動的表現：如深蹲、前蹲、臀腿訓練 (Glute Ham raise)、背部伸展、硬舉、分腿蹲、登階、挺舉、特殊物件舉……以及專項運動的動作：跑步、跳躍、敏捷性、速度、踢、拳擊、打擊、落地機制、投擲。」吉姆·史密斯在 2 個月內使用這些力量炸彈將他的硬舉從 485 磅（220 公斤）提高到 535 磅（242 公斤）。這就是我們在壺鈴界所稱的「什麼鬼效應」。

唐尼·湯普森甚至激動說道：「要慶幸你的對手不使用壺鈴，這樣你就可以在競技場上擊敗他們！」

為健力選手制定的壺鈴擺盪課表
馬克·瑞福凱德，StrwongFirst 認證教官，前 IPF 女子健力國家隊總教練

壺鈴擺盪，不論是哪種變化動作，可能是深蹲和硬舉最佳的輔助訓練，不過沒有人在用。也許只是因為壺鈴在這個領域是個新東西（雖然波頓先生似乎已經收到資料，唐尼·湯普森也收到了），但一般健力選手若能將這個強大工具加入訓練課表，將對他們大有裨益。

2001 年開始使用壺鈴時，我仍是一名有競爭力的健力選手。我注意到的第二件事（第一件是擺盪的動作讓我想起了體操的水平槓）是壺鈴雙手擺盪極像我最喜歡的深蹲輔助動作之一「爆發早安運動」。

爆發早安運動模擬了爆發深蹲的開始和結束動作：背部弓起，臀部後推，脛骨保持垂直。運用髖關節鉸鏈，直到背部與地板成約 45 度，然後再弓回去。這個後側鏈驅動訓練，幾乎不使用股四頭肌。就我來看，壺鈴擺盪像是動態版本的這種強力輔助動作。

壺鈴擺盪幾乎確實模擬了傳統硬舉髖關節動作模式，但同時也獲得了各種獨特的增益刺激：快速離心負荷、反向肌力，以及後側鏈、腹肌和背闊肌的肌肥大。只用一個動作就能做到這些，不錯吧？

此外，你可以使用單臂和換手版本來增加背闊肌參與度和下背穩定，而這對規律做大重量訓練的人來說至關重要。這些變化也會尋找和修正硬舉這種雙邊動作可能會掩蓋的不對稱和肌力缺陷。

那麼，要怎麼在爆發力訓練課表中加入壺鈴擺盪，而不影響深蹲和硬舉這類主要訓練項目？你必須小心，畢竟壺鈴擺盪會用同樣的主要肌肉以大幅度加速來產生力量，只是關節結構不會有太大衝擊或壓力。

你可以當作熱身，讓血液流動，讓你的爆發力動起來。或是作為深蹲和硬舉後主要的輔助動作。你也可以在訓練結束後做，或者在休息日或 GPP 變化日做。

我要建議的是一種方法，利用傳統的擺盪和我開發的一種名為「死硬式擺盪」的技術，來作為搭配比賽的增強與補充訓練。

在以下計畫中，你得在健力訓練後納入這些壺鈴擺盪變化。因為深蹲已經有離心負荷，你就在深蹲訓練後使用死硬式擺盪。這種死硬式停頓擺盪，每 1 下都是從完全靜止開始，不需要減少離心力量，也不需反向力量。每 1 下都是全新的開始，且需要至少同樣的爆發力，才能以同樣的速度將壺鈴盪到同樣的高度。雙臂版本是最佳的選擇。

在硬舉訓練後，你可以做經典的彈震式擺盪，來平衡大多數硬舉動作

所缺乏的離心負荷。選擇的壺鈴擺盪是單臂版本。它不僅需要啟動超過 50% 以上的背闊肌，而且還將穩定性訓練納入其中。

對多數人來說，單臂擺盪是一項非常艱苦的動作，需要一種全然不同的肌力和穩定。單臂擺盪彌補了雙手握槓訓練的不足。一隻手在工作時，另一手要穩定那不均勻的重量。這將會有助於維持將力量集中穩定的脊椎部位深層肌群的肌力。正如帕維爾所說：「要照顧好你的背部，等到你的背壞掉，你會悔不當初。」對的話不用多作解釋。

以下是給 90 公斤以上運動員進行傳統顛峰週期訓練時使用的模板。

深蹲日（深蹲結束後，做雙手死硬式壺鈴擺盪）

第 1-2 週：24 公斤 ×5 次，32 公斤 ×5 次，36 公斤 ×5 次

第 3-4 週：24 公斤 ×5 次，32 公斤 ×5 次，36 公斤 ×5 次，40 公斤 ×5 次

第 5-6 週：24 公斤 ×5 次，32 公斤 ×5 次，36 公斤 ×5 次，40 公斤 ×5 次，48 公斤 ×5 次

第 7 週：24 公斤 ×5 次、40 公斤 ×5 次、48 公斤 ×5 次

要留意如何將壺鈴擺盪與深蹲訓練結合。在深蹲訓練週期初期，深蹲反覆次數較高（可能是 5 次），重量較低，次數則為中到高。隨後幾週，深蹲重量會增加，次數會減少，通常爆發力（背槓動作速度）也會下降。死硬式擺盪負荷會稍微增加，而加速力量則會繼續讓你保持快速且充滿爆發力，同時也保持高基礎肌力。你每次擺盪都要確實大力往後拉，大力站直，拿出全部力量與爆發力，發揮出死硬式壺鈴擺盪的特色。每次動作開始時，重要的是要把背闊肌和髖部確實鎖住。

硬舉日（硬舉訓練結束後，做單手經典壺鈴擺盪）

第 1-2 週：24 公斤 ×8 次（左右各 8 次）、32 公斤 ×5 次（左右各 5 次）。做 3 組。

第 3-4 週：24 公斤 ×5 次（左右各 5 次）、32 公斤 ×8 次（左右各 8 次）。做 3 組。

第 5-6 週：24 公斤 ×5 次（左右各 5 次）、32 公斤 ×10 次（左右各 10 次）。做 3 組。

第 7 週：24 公斤 ×10 次（左右各 10 次）。做 4 組。

經典壺鈴擺盪的彈震特質，可以彌補硬舉缺乏離心負荷的問題。單臂版本可以增強背闊肌的參與以及脊椎穩定性。而當硬舉的負荷重到接近比賽重量，以及接近比賽時，硬舉動作會越來越緩慢且要用更多努力，這時壺鈴擺盪仍能保持明快且充滿爆發力。

隨著硬舉次數逐週減少，壺鈴擺盪的訓練量則是逐週增加。你可能會發現你對臀腿訓練、滑輪下拉和背部伸展（back raise）的需求大大減少。這些肌群在壺鈴擺盪動作中以自然的動作模式受到堅實的鍛鍊。

你可以透過動作加速最大化的方式來調整壺鈴擺盪的強度。更用力地把壺鈴往後拉，可以為壺鈴跟你的身體創造一股超快速離心負荷，就像是把彈力帶綁在壺鈴把手上產生的效果。

如果你夠強悍，需要額外加點料，你可以使用 48 公斤的「野獸」壺鈴來做死硬式壺鈴擺盪。

加入壺鈴只會帶來正面效果，只可惜我的健力選手生涯中，沒有這個令人難以置信的工具可以使用。

透過強壯的腹肌舉起更大重量

P 馬克·瑞福凱德笑著表示，如果你的腹肌很弱，你會「在做大重量深蹲或硬舉時，像融化的乳酪三明治一樣垮掉」。

即使你最後不會搞到要住院，也會失去槓桿和肌力。一項前蘇聯的研究發現，當背部圓掉時，會失去 13% 的拉起肌力。[6]

初步看起來，背部肌群似乎應該是唯一負責避免脊椎像乳酪三明治的肌群。畢竟，如果我們想要防止屈曲，為什麼我們要啟動除了伸展肌之外的其他肌肉？

然而，人體比想像中複雜得多。這邊先不深入探討解剖學，只需要把你的上腹部想像成一個箱子。把一堆 45 磅（20 公斤）的槓片堆在上面，直到搖搖欲墜。現在再往其中一面（背部）增加額外的木板，然後繼續在上面堆疊負荷，這個箱子就會崩塌。加強背部就沒事了，是前面會垮掉。恭喜，你剛讓你的箱子造成疝氣！這就是那些豎脊肌極強但腹肌極弱者的命運。

重新建立箱子每一面的強度，現在你可以把沉重的東西堆在上面而不用擔心。

從純粹建築的角度來看，四面都加上厚牆壁，會使結構更加堅固。路易·西蒙斯警告：「千萬不要疏忽腰部任何一面，否則你會後悔。」

但我們可以讓它更強壯。讓我們在箱子裡放入一個堅固氣球並充滿氣。你能想像現在你的箱子會有多強壯嗎？想像同樣的氣球在你的腹部膨脹。想想你現在要背著多少重量才能抵抗氣球的阻力？

這個「氣球」是一種稱為腹內壓（intra-abdominal pressure, IAP）的東西。腹內壓由軀幹的許多肌肉共同努力創造，其中腹內斜肌是首要參與部位，還有「箱子」的頂部和底部，也就是橫膈膜與骨盆底肌。橫膈膜是一種傘形肌，將肺部和腸道分開。當橫膈膜收縮時，就像一個柱塞一樣向下推動。當你便祕時，這個肌肉的作用就很明顯了。

骨盆底肌的工作是容納腹腔內部所有東西。排便時，骨盆底肌會放鬆，而開始舉重時會反射性上拉。幸運的是，身體知道兩者的區別。

增加腹內壓不僅能使軀幹更加堅韌，還大幅增加神經性肌力。身體會將腹內壓當作放音樂時的音量控制，確實放大流向肌肉的神經肌力。

這就是為什麼頂尖健力運動員都擁有格外強壯的腹肌。有些人會直接訓練腹肌，有些則不會。為什麼會有這樣的差異呢？

「關於腹肌嗎？」艾德‧科恩受訪時被問道。這位運動界傳奇人物回答：「我不怎麼訓練腹肌，因為我很少上腰帶。在休賽期，如果你沒有戴腰帶做深蹲和硬舉，你的腹肌會變得非常強壯……腹肌會得到足夠的刺激。」

這尤其適用於你特別專注於繃緊腹肌的時候。奧林匹亞先生法蘭科‧哥倫布（Franco Columbu）博士曾告訴我他討厭腹肌訓練，所以他只專注於在每次肌力訓練時用力收縮腹部，甚至在臥推的時候也這麼做。「我每個訓練都在練腹肌！」他不僅贏得了奧林匹亞先生的殊榮，也拿到「最佳腹肌」的獎項。更重要的是，他在體重 180 磅（81 公斤）時硬舉超過 700 磅（318 公斤）。

一些研究狂喜歡爭論說，單靠深蹲和硬舉無法鍛鍊腹肌，因為肌電圖（Electromyography, EMG）研究並未顯示中段肌肉，尤其是腹直肌，也就是「六塊肌」在這類運動中無法做出足夠的力。的確，虛弱和協調不佳的人，通常也就是這些研究中使用的對象，即大學生，確實無法。

科學家們對頸部發展也有相同的評論。他們想了解「可能會引發頸部等長動作的傳統阻力訓練，是否對頸部肌肉的總體肌肥大有效？」在進行深蹲、硬舉與其他總體訓練課表 12 週後，男性受試者，也就是「活動量大的大學生」，並未長出更大的脖子。研究人員總結：「短期阻力訓練，除非專門執行頸部訓練，否則無法提供足夠的刺激，引發頸部肌肉的肥大。」[7]

有人可能誤解了科學家們節制的專業結論，而概括認為沒有直接做頸部訓練不可能長出公牛般的頸部。但數以千計的健力選手會證明這個籠統結論是錯誤的。我認識的健力選手，很少人費心增加頸部訓練，但沒有一個人頸部細小。右圖是我 75 歲的父親，只有幾年的舉重經驗，這是他不上腰帶準備拉 365 磅（165 公斤）5 下的照片。他唯一做過的頸部訓練，是點頭或搖頭表示同意或不同意我母親的時候。

如果你仔細閱讀上述的研究總結，一定會注意到「活動量大的大學生」和「短期阻力訓練」。簡單來說，對於大多數男性來說，用 225 磅（102 公斤）的重量做硬舉，不會產生足以刺激頸部肌肥大與腹部肌力的肌肉張力。前蘇聯科學家發現，進行低強度訓練時，大部分工作是由四肢來完成，而當負荷很大，核心肌肉將承擔大部分工作。[8] 所以，提高你的訓練重量，你的腹肌就會跟著增強。用馬蒂·加拉格爾的話來說，就是：

「在廣大的健身世界裡，事情越來越瘋狂。一般健身客戶……都困惑不解。我不斷看到電視上出現瘋狂的東西，因為私人教練會無所不用其極，來與其他私人教練作出區別……像是怎麼坐在臭名昭著的瑜伽球 (Swiss Ball) 上，一隻腿伸直，另一隻腿努力保持平衡，同時把小小的啞鈴舉到頭頂。唯一缺少的就是馬戲團音樂，和也許是一輛迷你小車繞著正在運動的學員，突然停下來，八個小丑會跳出來這樣。

「同時，一個毫無肌肉的『健身專家』大聲宣稱，做啞鈴過頭推舉（用可以讓我 40 公斤重的女兒做 12 次的重量）同時保持平衡時，能『建立核心肌力』。似乎近來展示的所有古怪愚蠢運動，都可以建立那難以捉摸的核心肌力……給我一些核心肌力……一定要有那核心肌力。當然，我從來沒見過一個能做到 300 磅（136 公斤）硬舉的人，沒有擁有這些脖子像鉛筆一樣細的健身專家所宣稱，擁有核心肌力的神祕好處。這些專家不斷地堅持和規定他們的客戶需要更多的核心肌力，已成為新時代健身世界的可預測的口號。

「以下是最新奇聞：用 150 磅（68 公斤）完成大腿平行地面的暫停深蹲，做個 10 次，將比任何瑜伽球仰臥起坐、推舉和不平衡的瑣碎運動，更能為你貫注更多核心肌力。這是理所當然的事實，在數學上無可辯駁，且可以證明。」

不過，也有些菁英訓練者替腹部訓練背書。

朱德‧比亞索托（Judd Biasiotto）博士是 1980 年代穿著最少支撐型裝備以 132 磅（60 公斤）體重深蹲 605 磅（274 公斤）的世界紀錄保持者，他與科恩和哥倫布截然不同：

「腹肌訓練是我從不馬虎的一項訓練。我會以虔誠的心訓練我的腹肌。我希望腹肌盡可能強壯，才能夠穩定我的下背。我並沒有專門設定什麼腹肌訓練計畫，只是有機會就做……當我起床、上床睡覺前、電視播廣告時，任何時候都做。我做仰臥起坐，直到眼冒金星。我可能擁有世界上最強壯的腹部。我認真地說。我可以輕鬆地用 200 磅（90 公斤）的諾德士（Nautilus）捲腹機做 50 下，100 磅（45 公斤）的屈膝仰臥起坐也不是問題。信不信由你，我的上腹部幾乎和我的胸肌一樣大。回顧一下，我不確定我的腹部是否過度訓練了。我只能說，高強度的腹部訓練對我有用。但這不代表對你也有用。正如我所說，每個人都不一樣。

「真正令我驚訝的是，我參加比賽時的其他選手很少會定期鍛鍊他們的腹肌，而且這種趨勢至今仍然存在。這是一個重大的錯誤。毫無疑問，腹肌對大重量舉重至關重要。腹肌能穩定你的下背部，幫助你舉起大重量。如果你的腹肌虛弱，根本無法在深蹲、硬舉或任何舉重動作中舉起重量。更糟的是，如果腹肌不強，背部有很大機會會受傷……這已經是有很多紀錄在案的事情了。你的腹肌就是那麼重要。」

你應該採取科恩方法還是比亞索托的方法，或者像大多數人一樣介於兩者之間？

你若追求前者，將會面對兩大挑戰。第一，你可能不知道如何在負荷下正確收縮中段肌群。第二，你的身體上還沒有太多的負荷。

你有兩個選擇。只要堅持基本的健力訓練，練習在槓鈴下繃緊，耐心地增加負重數字，你的腹肌就會跟上。或者加快進度，現在就做特殊訓練，以後再減量。科恩承認：「過去我做這些（腹肌）訓練的時間太長、太多年了，所以現在我不再那麼做了。」

不論選擇哪條路，剛開始訓練那幾年，盡量避免使用腰帶、健力裝、健力緊身短褲等等裝備，直到你變強壯為止。如果你後來決定使用支撐性的裝備，也不要總是穿著。只在重量超過 85% 1RM 時才穿。

在《回到未來第三集》（Back to the Future, Part III）中，一位白髮槍手對著男主角馬蒂的肚子揍了一拳，馬蒂很聰明地用一片鐵板保護肚子。今日的健力選手也遵循男主角那傳統的機智，用 1 英尺寬的裝甲腰帶來保護自己軟弱的地方。他們從未想過做重度腹肌訓練，最多也就是做幾組高反覆次數的捲腹或仰臥起坐，好去海灘的時候秀一下，這真是大錯特錯。回到拳擊的比喻，拳擊手在街頭打架時經常會把手弄傷，原因之一，就是他們沒有學會像徒手的空手道選手那樣握緊拳頭。拳擊手的手綁帶使他們的拳頭和手腕有一種人為的緊實感。

對新手來說，穿上職業選手所穿的酷炫裝備，立刻就可以炫耀他們可以舉起更重的重量，很有誘惑力。不幸的是，這種裝備會創造出人為的緊繃感，讓他們沒機會發展軀幹肌力。新手將在之後因為受傷或肌力停滯而付出代價。

我的一位朋友（體重 110 公斤，深蹲 310 多公斤）決定嘗試參加無裝備比賽，令他驚訝的是，他的腹肌比他的腿更快放棄！事實上，控制腹內壓是腹肌的職責之一。持續使用腰帶，尤其是沒有配合適當的腹肌訓練，可能會導致身體中段處於虛弱狀態。佛列德・哈德菲爾（Fred Hatfield）幾十年前就曾對此提出警告。深蹲博士（真正的深蹲博士）只在最大肌力深蹲時才上腰帶。有些非常令人驚嘆的硬舉紀錄，是在沒上腰帶的情況下完成，像康斯坦丁諾夫的 426 公斤和貝爾金的 420 公斤。就算不是一輩子都這樣，至少要保持無裝備 1-2 年。

馬蒂・加拉格爾稱硬舉為「轉向的仰臥起坐」有其充分的理由。硬舉是最好的軀幹訓練之一，與深蹲的原理一樣：背負大重量時，動作時會由於包含腹內壓，使得腹部得到訓練。然而，**加拉格爾**補充說：「如果你沒辦法硬舉 500 磅（227 公斤），你就需要做腹部訓練。」

如果你選擇加快肌力發展，以下精挑細選訓練動作，將迅速建立中段肌力並教你如何在背槓時正確運用。這些休賽季的練習，也能為一名長期沒有直接訓練腹肌的資深訓練者提供很大的幫助。

大部分你準備要做的練習都是等長動作：軀幹肌肉在不活動的情況下收縮。這是健力選手的專項訓練。但是，你還會做一些動態練習，因為根據俄羅斯專家的說法，將等長練習與動態練習結合起來，對於建立肌力和肌肉更為有效。

矛盾呼吸捲腹

矛盾呼吸技巧，是由俄羅斯歌劇女高音亞歷珊卓·斯特列利尼可娃（Alexandra Strelnikova）所開發，原本用途與健力無關，這種技巧將教會你如何以「打包」的方式，讓肚子充滿空氣，同時繃緊腹肌。

背躺在地，雙腿伸直。❾如果你上半身較重，可以將腳固定在訓練設備或家具下，或是讓你的訓練夥伴把你壓住。

捲腹，同時用鼻子或是噘嘴的方式把空氣深深吸進肚子。是的，這看起來有點反常，所以這個技巧的名字叫作：矛盾呼吸。盡量減少頸部的動作，「打包好」。

要保持你的膈膜肌群在活動，即使沒辦法再吸入更多空氣，也要繼續假裝你在吸氣。你會感覺到在你的腹部有個「泡泡」的氣動和液壓阻力。把壓力保持在胃部，而非頭部。

往後躺回時，被動吐氣並放鬆。每一下之前，頭靠在地上短暫休息。一直抬頭，對你的頸部沒有好處，如果可以，就不要讓頸部收緊。

不要努力增加次數，也不用煩惱要增加重量。因為這是一個自我抵抗的運動（橫膈膜與其他腹部肌肉對抗），只需專注於產生更多張力，就可以加深難度。在沒有外部負荷的情況下產生巨大張力的能力，對健力運動員來說至關重要。在深蹲或者臥推起槓時，或者開始硬舉之前，最大限度地穩固，是每個強壯的男性或女性都不能缺少的技能。

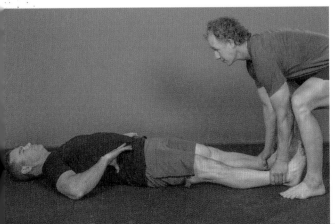
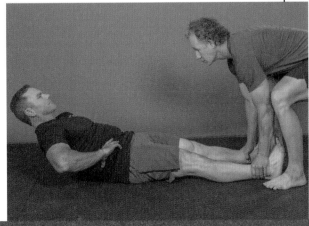

捲腹到最高點時，用幾次短促吸氣來進一步壓縮胃部。用手指觸摸腹肌和腹斜肌有助產生更多張力。你的腰部應感覺到結實而有力。一旦掌握了如何控制橫膈膜，就不再需要假裝吸氣來保持承受壓力。只需屏住呼吸。梅爾・西夫最喜歡的腹肌練習，是閉氣的直腿捲腹。

你也可以站著做練習，任何地方、任何時候皆可。

以下是推薦給你的計畫。「NL」代表動作次數，也就是每次訓練時動作的總次數。

- 以增強肌力為目的：NL 10-15，每組做 3-5 下
- 以肌力和肌肉量為目的：NL25-50，每組 5-10 次。

最後 1 組負荷參數，來自優秀健力選手瑞奇・戴爾・克雷恩：

「一個重量適中的腹肌鍛鍊，可以建立一些肌肉和肌力，只要簡單的 5 組 10 下。你可以一路減少到 5 組 5 下（肌力提升效果較好）。將重物放在胸前，雙腳鎖好，膝蓋微彎，做仰臥起坐，不要完全坐起或完全坐下。最後做 5 組 10 下的側彎，一隻手拿一個啞鈴（一次一手）。你將對這動作給你的大重量深蹲和硬舉帶來的成果大感驚訝。」

與健康俱樂部那些柔弱派不同，我們腹肌訓練的反覆次數偏低，因為我們的目標是變得**強壯**。3-5 下做個幾組，組間休息長一些，會讓你的腰部變得極強壯，而不是變大。如果你非常認真看待舉重，就不要怕增加肌肉量，多做幾組。如果你正巧不偏好細腰，就多做幾組 5 下，試著拿起更重的重量讓肌肉鼓起來。短短幾個月，你的 6 塊腹肌將比胸部還要凸出。這很好，俄羅斯人說，男人腰帶以上都是胸部！

對於女士們來說……有個人來到裁縫店訂做一件新衣服，裁縫開始量她的腰圍。裁縫從她的腋下開始量起身圍，一直到臀部，每次結果都是 50 英寸。最後裁縫清了清嗓子：「太太，我們要把腰做在哪裡？」

俄羅斯曲棍球硬舉

梅爾·希夫博士指出，避免「危險」運動和過度負荷的傳統預防受傷策略是不夠的，因為你最終會處於一個「危險」的位置。他提出了「以不完美訓練預防受傷」的理念。俄羅斯曲棍球硬舉就是這類訓練，請自負風險。

兩隻手以硬舉方式拉起一個輕壺鈴，然後，慢慢將壺鈴降到一隻腳跟外側（不要忘記臀部同時以髖關節鉸鏈下沉）。把你的頭往下，將上背稍稍圓起。身體挺直然後轉到另一邊。

俄羅斯曲棍球運動員傳統上會做 2-3 組，每組 15-20 下，但不要做到力竭。這也是唐尼·湯普森最喜愛的壺鈴訓練之一，他做 3 組 8 下，這樣更適合舉重訓練者。

路易·西蒙斯表示：「曲棍球硬舉好耶！」這個動作不僅是為了打造一個讓你在深蹲或硬舉起槓時的強力背部，還能建構和強化腹斜肌，對於提起大重量來說是非常重要的。而腹內斜肌是腹部肌肉中最重要的，用來產生腹內壓。

這個訓練也教你如何將你的背闊肌與腹斜肌及臀部整合起來。

壺鈴伏地挺身划船

這種划船不僅是肌肉的拉動作，也會讓腹部滾滾發燙。美國武裝部隊 (US Armed Forces) 健力冠軍傑克·瑞普指出：「伏地挺身划船可能是我做過最棒的健力專項腹肌訓練，我的腹肌不那麼標準，也不大，但卻異常強壯，那些伏地挺身划船練習把它們練得……」

擺出伏地挺身頂端姿勢，雙手握在一對至少重 70 磅的壺鈴手把上。全身繃緊，記得靜態重踩硬舉時雙腳重踩地面的感覺。左手將重量重重壓在壺鈴上，同時右手做划船動作。

不要讓你的身體扭曲或彎曲。這裡的關鍵字是抗扭轉。

若你無法用 32 公斤的壺鈴做划船，可以先用一隻手舉較輕的壺鈴做。另一隻手不用握著壺鈴握把，而是撐在固定的物體上。不要撐在太輕的壺鈴上，因為支撐點太輕會失去平衡讓你跌倒。也別用橡膠或塑膠底座的那種時尚壺鈴，某位特種部隊成員做伏地挺身划船時，就曾因為用這種壺鈴而摔倒，他沒把拇指弄斷真是奇蹟。

一隻手做個幾組 3-5 下就可以了。

澤奇深蹲（前抱式深蹲）

對於健力初學者來說，在保持下背部微微弓著的狀態下繃緊腹肌是一個挑戰。這並不容易，需要大量練習。而前抱式深蹲將劇烈減少其精通此技術的時間。

前抱式深蹲要求你把槓鈴放在手肘彎曲處。這是古老的訓練方式，以1936 年密蘇里州舉重冠軍艾德・澤奇（Ed Zercher）命名。艾德不認為這是他的發明，並坦承自己是從某個「奧地利或澳大利亞人」身上學到這種「手肘深蹲」。無論其歷史為何，路易・西蒙斯向我們保證：「前抱式舉重可以建構出除了手掌外，身體上每一塊蹲舉肌肉。」

我們把它放在腹肌章節，是因為前抱式深蹲即使是輕重量，都會產生瘋狂的軀幹肌肉收縮。對你的腹肌而言，即使用你最大硬舉重量的一半做前抱式深蹲，感覺都像是最大重量硬舉。

以下是前抱式深蹲技術的概要。將深蹲架上的槓鈴設置於胃部高度。穿上長袖 T 恤以保護你的手肘。不要將毛巾纏在槓上！毛巾上的槓鈴可能會滑動，讓你受傷。如果你有粗槓，就用粗槓吧。

將你的手肘伸到槓鈴下方勾好，手臂位於槓鈴彎舉的最高點，你的雙拳可以相互接觸，一個拳頭放在另一拳頭內側。把自己楔緊在槓鈴下方，深呼吸，繃緊身體，然後兇狠地把槓從槓架取出。全程保持你的肩膀下垂。鎖住你的背闊肌，確保你的背部更穩定，讓你的臀部更能收緊。

走出深蹲架，站寬稍微大過肩寬。吸一口氣，在槓鈴擠壓著你的膈膜時，這並不容易。開始深蹲，下沉到槓鈴碰到你的膝蓋，大腿低於水平。稍稍停頓，別放鬆，這時槓鈴還在你的膝蓋位置，然後往上站。

做前抱式深蹲時，重心比後背蹲舉或前蹲舉要低得多，因此更容易平衡重量，你可以更努力扭緊地面而不會讓姿勢跑掉。

你也可以用單次啟動的方式做前抱式深蹲，就跟硬舉的方式相同。把深蹲架的槓架設在膝蓋高度，這種舉重方式相當艱難！

因為前抱式深蹲所需的要領很多，所以要納入你的訓練時，需要多加注意。在最初的 1 個月，可以當作你深蹲的熱身動作。等到你熟悉之後，挑一整個週期，把深蹲替換為前抱式深蹲。1 年之中，這樣調整個 2-3 次。

目標是打破你 3-5 下的紀錄。如果不是比賽，挑戰單次最大肌力意義
不大。在一個週期中，使用中等站寬，另一個週期使用跟安迪的爆發
式深蹲同樣的較寬站姿，這樣對你會有幫助。

公事包硬舉

這種公事包硬舉訓練，無價。這可以大大增強你所有的「側邊肌群」（背闊肌、斜方肌、腰關節肌、臀部），並引導它們像團隊般合作。

先用 2 個相同大小的壺鈴來學習。以你一般的硬舉站姿站立，雙腳腳掌位於 2 個壺鈴之間，壺鈴握把跟你的腳平行。下沉至手握住壺鈴握把，做出你一般的硬舉準備姿勢。

抓住 1 個壺鈴，站起來。重要提醒：這個運動不是側彎，也就是說，不允許側邊脊椎屈曲。從正面看，骨盆和肩膀必須保持水平。看起來就像是舉起兩個大小相同的重物。顯然，你必須要讓你軀幹肌群努力工作以抵抗非對稱的負荷。你會很快學會在拉起前鎖定你的背闊肌，腹斜肌和臀部。麥克·哈特爾博士保證，這是少有的幾種，在舉起重量時可能會用到鏡子的動作。

一側做 5 次單次啟動，然後另一側再做 5 次。

等你掌握了這種技巧，再嘗試另一種方式：拉 1 次左邊壺鈴，拉 1 次右邊壺鈴，然後 2 個壺鈴一起拉 1 次。這樣的概念是讓拉起雙壺鈴的感覺就像 2 個單壺鈴一起拉。雙邊都要鎖住，就像預期你會有非對稱的負荷，但不知會是哪一邊。這個訓練會讓你學到，在對稱負荷的情況下繃得更緊。

最終，你需要更多重量，所以改用槓鈴。不要使用小於 35 磅（16 公斤）的槓片。俄羅斯健力教練雖然熱情地支持赤字硬舉訓練，但也一面警告，啟動位置太低會迫使你改變你的硬舉技術。如果你無法安全地處理 115 磅（52 公斤，槓鈴加上一對 16 公斤槓片），要麼就拿塑膠槓片，要麼就從箱子上或從深蹲保護槓上做公事包硬舉。

從側面提起槓鈴時，還會挑戰你的握力和腕力。即使你完美地握在槓鈴正中間，仍然必須緊握。槓鈴很容易從你手中脫離或是有旋轉的力道。如果沒法控制，就放下吧，否則可能會讓手腕拉傷。不然就是在控制好的情況下降下槓鈴，精確地重新回到起始點。下沉回到啟動姿勢，用你的背闊肌把槓鈴穩固好。

目標是最後能以自身體重做出強大的每組 5 下。當重量相對於自身體重變得越重時，槓鈴會緊貼你，試著保持下盤，也就是你的腳掌能夠穩定支撐。你的身體會做出怪異的傾斜，來適應這個動作。路易·西蒙斯跟我說，當他體重 181 磅（82 公斤），而能在比賽中硬舉 670 磅（304 公斤）時，他都用 185 磅（83.9 公斤）來練這個動作。他強調，他將公事包硬舉當成一種輔助動作，而不是主要訓練動作，而且不會挑戰單次最大重量。請記住這個建議。

公事包硬舉將會徹底燃燒你的硬舉肌群，因此要仔細規劃。你可以做幾個輕鬆組，作為你一般硬舉訓練前的熱身準備。這將有助於讓你在訓練組時維持繃緊。另一個選擇是在你正常一般拉訓練後。再做幾組 3-5 次的減量組。

健力選手的旋轉訓練？

你在做健力動作時，如果發生扭轉，那就肯定有什麼地方出了問題。雖然這項運動沒有旋轉動作，但是加強軀幹旋轉肌肌力會增加你的成績。科學家們得出結論，藉由訓練提升軀幹旋轉肌肌力，可以提升自主產生的腹內壓水準，並在功能性狀態下提升腹內壓的發展速率。❿

值得注意的是，根據麥吉爾教授的說法，有效且安全的旋轉運動並不涉及脊椎旋轉！骨盆與肋骨相互緊密連接，作為一個單元旋轉。在麥吉爾教授的實驗室裡，我們測試了俄羅斯的「全接觸旋轉」動作，它就是如此操作。

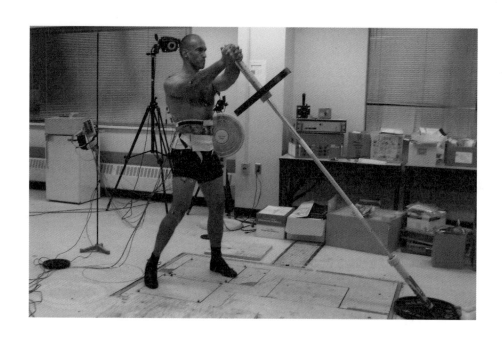

StrongFirst 平板式：一場「等長收縮之戰」

1970 年代末至 1980 年代初，Mashina Vremeni（時光機器）是前蘇聯最受歡迎的搖滾樂團之一。《篝火》（Bonfire）是他們的其中一首經典歌曲。

「……總有一天每一堆篝火都會熄滅。
風將吹散灰燼，再無痕跡。
但在火焰燃燒時，
每個人都用自己的方式將它維持住……

「慢慢長夜，他們維持小火，
節約力氣與柴火……
然後來了一個搞不清楚狀況的傢伙，
他的篝火熊熊直往天上竄……

「他以為這樣保持著火苗不死很聰明，
他不和別人分享溫暖，
但熬過了寒冷的日子，
而你錯了，你將之燃燒殆盡，
燒得太快，很快熊熊大火就消失了。
但是當它燃燒時，每個人都感受到溫暖……」

耐力運動員訓練自己能將一股小火持續點燃很久。力量型運動員則是快速燃燒巨大火力。

俄羅斯歌曲中的強者心態，就是「火不要太省著用」。

這樣的心態應該適用於包括平板式在內的所有訓練。大多數人做平板式都用對待耐力運動的方式，以最少的努力來維持最長的時間。這是個很大的錯誤。要展現最大肌力，就必須學會同時極力收縮所有的肌肉，完全不留餘地。要發展肌肉耐力，必須學會盡可能用最少肌肉和用最少的努力，兩者有著根本上的差別。

最重要的是：力量型運動員應該將平板式視為全力以赴的練習，沒道理留下 5-20 秒的餘裕。

StrongFirst 平板式是種在短時間內付出所有努力的訓練。運動科學家布瑞特・康崔拉斯（Bret contreras）博士評論說：

「StrongFirst 平板式是一種逆向工程核心訓練，已經演變成一種殘酷的全身等長支撐動作。我從帕維爾那裡了解到 StrongFirst 平板式（也稱為硬派平板式），做得正確，只需 10 秒就會讓你筋疲力盡。當然，你可以連續做 3 分鐘的普通平板式，但現在讓我看看，你能否做到 StrongFirst 平板式，並藉由最大肌肉用力來耗盡全身氣力。StrongFirst 平板式讓你透過調節全身肌肉張力，來產生最大的內部工作。雖然這是一個靜態運動，你不會有動作，但你將在 10 秒的等長戰鬥中全力以赴……」

康崔拉斯做了肌電圖測試，來比較傳統平板式和 StrongFirst 版的動作時，各個核心肌肉的啟動程度峰值。以下是結果：

訓練方式	腹直肌下段 (RA)	腹內斜肌 (IO)	腹外斜肌 (EO)
標準平板式	33.5	42.6	26.7
StrongFirst 平板式	115.0	99.5	104.0

StrongFirst 平板式，跟一般你在世界各地健身房中看到的那些傳統平板式相比，腹直肌下段的收縮強度多了 **3 倍**，腹內斜肌多 **2 倍**以上，腹外斜肌甚至多了近 **4 倍**。

StrongFirst 平板式之所以如此出色，是因為其中有許多技巧細節。要專心，並將各種技術元素逐漸加入你的練習。如果你一開始就想全部做到，一定會忘記一些東西。

將你的手肘直接放在肩膀下或稍微往前。前臂保持平行，或讓拳頭相觸。讓拳頭保持「鎚子」姿勢。

讓身體從頭到腳保持直線。一開始，訓練夥伴會把一根棍子放在背上，教你如何保持直線。你的背不能凹下去，屁股不能尖起。臀部必須像硬舉時一樣伸展。

這根棍子也能幫你正確對齊，把你的脖子「打包好」。以下練習在武術和物理治療中都有不同作用。伸展你的脖子，接下來，用麥克·哈特爾博士的話來說：「以雙耳為軸心轉動頭部，使下巴朝向胸口。」這樣會讓你的脖子緊貼棍子。你可能要先用仰躺的方式來練習。

往下方，直視你手腕之間的地面。

緊握拳頭。

呼吸要淺，就像背槓做深蹲時的呼吸。定期使用強力呼吸法，也就是發出短而有力的嘶放聲。盡量保持頭部和脖子的張力。

鎖住膝蓋，將膝蓋骨向上拉起。如果你有先伸展髖屈肌，做這個動作的時候會更輕鬆。

緊縮臀部，並試著將尾巴收起來，也就是骨盆後傾，而不彎曲膝蓋。

我們之所以這樣做，有很多原因。康崔拉斯再補充一個原因，正好符合我們的看法：「骨盆後傾可以增進臀部肌肉的耐力，並幫助鞏固硬舉鎖死的動作。」

由於本書範疇之外的解剖學原因，在你將尾椎強力捲起時，不要讓膝蓋彎曲或讓臀部向上翹起！

骨盆後傾，參考來自空手道的實用提示：將肚臍稍微指向你的頭部。堅持保持膝蓋鎖住，並向上拉起膝蓋骨。

使用背闊肌，以反聳肩動作將肩膀盡可能往下拉離耳朵。

等你弄清楚如何做到這一切，請考慮將以下強大精微的細節添加到你的 StrongFirst 平板式中，這些細節是由 StrongFirst 認證教官麥克・哈特爾博士所提供。

「確保腳趾完全伸展，腳踝做最大程度的背屈。」也就是讓你的腳掌和腳趾朝向你的鼻子。「這有益於此動作中的前側鏈肌群收縮。」

同時，用力將肘部和腳趾以等長的方式朝彼此。這會讓你的身體像是在折疊，或說像把折疊刀。就像是硬舉時的鎖死動作，透過繃緊臀部且更加劇烈地將髖部向前推動，來防止骨盆上抬。這時你將明白康崔拉斯博士所說的「等長戰爭」是什麼意思。

練習 StrongFirst 平板式時，每組持續約 10 秒，永遠在收縮強度下降之前停止。我們從事的是肌力訓練——而不是耐力訓練。

如何建構又大又強壯的背部

A 　如果你想要真正變強，拉出一個很重的硬舉數字，你必須建構一個強壯的背部。事實上，對於健力三項（深蹲、臥推和硬舉），較強壯的背部，將會讓你舉的更重。

這個章節會介紹一些最佳的背部訓練，以及如何正確執行，以及如何放入你的訓練計畫。有許多動作可以幫助你訓練你的背部。

你用來訓練背部的動作可以分為兩大類：

- 水平拉動作（划船）
- 垂直拉動作（引體向上／下拉）

近來，你在閱讀肌力訓練的文章時，每篇都能看到新的動作，不過你在這裡不會看到任何噱頭，只有經過測試的動作才能建構肌力。

讓我們先來看看划船動作。

水平拉動作

鐵鎚力量划船

這是坐在機械器材上，使用中立的錘握（hammer grip）進行。可單側單臂做，也可雙臂同時做。無論選哪種，3-4 組 5-12 下都好。若想建構背部肌力，每組 5-8 下。若想增加肌肉量，就加到每組 8-12 下。

確保機器有設置好，將握把頂部落在你下胸線附近。要正確執行單邊動作，按照以下步驟進行：

- 保持腹肌穩固，且在整個動作期間緊貼靠墊。
- 以左臂伸直開始，並讓你的左背闊肌完全伸展。
- 拉握把划船時，專注在讓你的左肩用力向後向下。
- 做完預定的次數後，接著換右側做同樣動作。
- 你的腰椎應該完全沒有動作。

鐵鎚力量划船是很棒的背部運動，能夠堆疊重量，而且能做很重。

單臂啞鈴划船

單臂啞鈴划船是另一個很棒的背闊肌與上背部訓練動作。乍看之下，這似乎是那些老派的人最喜歡的槓鈴划船較弱版本。然而，單臂啞鈴划船主要有兩個優於槓鈴划船的特點：第一，允許更大的動作幅度。第二，這是一個更容易用良好技巧執行的動作。

嘗試加重時，槓鈴划船做起來往往會變得很醜，而且使動作跑掉。這樣會對下背施加很大壓力，如果你每週都在硬舉和深蹲，下背部就沒有必要藉由這種設計來訓練背闊肌和上背部的輔助動作，增加額外壓力。因此，我們建議使用啞鈴划船來代替。

以下是如何用你的左手做出完美的單臂啞鈴划船：

- 將右膝蓋和右手放在一個平坦的板凳上。
- 你的左腳應該踩在地板上。
- 保持身體的中立位置，大部分的重量集中在左腳和右手，右膝不應該承受太大的重量。
- 弓起你的下背，腹肌保持穩固。

- 左手拿起啞鈴，動作開始時，你的手臂直直朝下。
- 將啞鈴舉到你左側臀部，當你這樣做，你的左肩要往後往下拉。
- 回到起始位置，重複這個動作幾次，然後改變你的設置，用右側重複同樣的動作。

你用這種技術，是沒辦法拉起你用槓鈴拉到你胸部位置的划船動作一樣的重量。這是因為把啞鈴划到臀部位置的動作幅度較長。

首先，這看起來似乎是個缺點。然而，當你留意到這個動作是硬舉和其他複合式大動作的輔助訓練，你就會了解，用良好的形式執行運動並強調背部肌肉，比用大重量做出無數醜陋的動作更重要。

我拉過 1,008 磅（457 公斤），但我單臂划船從未超過 200 磅（90公斤）。不過每次做這個動作，我的動作總是很出色，而且會把啞鈴划到我的臀部。反之，你現在可以在 YouTube 上看到許多訓練者用250-300 磅（113-136 公斤）完成單臂划船的反覆動作，但他們拉不了 800 磅（363 公斤）硬舉。乍看之下，這似乎有點奇怪，但事實並非如此。當你使用非常好的動作，將啞鈴划到你的臀部時，你使用的重量可能看起來沒那麼令人印象深刻，但會有很多好處。

使用單臂啞鈴划船通常以中立握法來完成，因為這是最自然的方式。如果想作出變化，你也可以用旋前或旋後握法來執行動作。

低滑輪坐姿划船

低滑輪坐姿划船是訓練背部的極佳方式。只要你的健身房有這些掛鉤，你就可以使用各種握法。中立握法、旋前、旋後，以及窄握、正常握距、寬握都可以使用。只要稍微數一數，你就會發現可以有 9 種不同的訓練背部方式。再加上滿握或虛握，低滑輪坐姿划船的變化種類就會增加到 18 種。

無論你選擇哪種特定握法，以下都是你執行低滑輪坐姿划船的方式：

- 抓住握把，腳踩踏板。
- 保持坐正，抬頭挺胸，肩膀往後往下，頭部保持中立姿勢。
- 可以微微後傾，但要保持優良姿勢，動作時背部弓起。
- 動作時手臂伸直，感覺到背闊肌伸展。
- 拉住握把往你的身體划，上背部撐緊。

與大多數在健身房會看到的動作相同，大多數人的滑輪動作都相當糟糕，如果你能記住上述要點，並謹記以下的注意事項，就能避免出現問題：

- 如果你無法讓握把碰到你的身體，那代表你現在使用的重量太重了。
- 如果做到最後你的胸部凹陷，而且你無法把你的肩膀往後往下拉，就是你使用的重量太重了。

不要讓自尊心妨礙你執行良好且安全的訓練。要對使用自欺欺人的大重量、讓軀幹做出多餘動作的行為說「不」。按照描述做 3-4 組，8-12 次的訓練，你就是邁向擁有更大、更強壯的背肌，以及更好的深蹲、臥推和硬舉的路上了。

體操環反式划船

這是一個只使用自身重量就可以鍛鍊背部的艱難動作。

在深蹲架上架設一對體操環，環距離地面大約 4 英尺（1.2 公尺）。

抓住體操環，將雙腳腳掌放在地上，保持身體呈一直線，向體操環方向把自己划上去。執行反向動作重複做個幾次。

這個動作就像一個水平的引體向上，而且很好準備，也很有挑戰性。

以下是你在操作體操環反式划船時需要注意的一些地方：

- 你的身體必須從頭到腳保持一直線。
- 收緊臀部，避免臀部下垂。
- 保持腹肌穩固。
- 起始時雙臂伸直。
- 將自己往上拉，直到胸部與體操環呈一直線，在這個位置，將肩膀向後向下，就像其他划船動作一樣。

等你精通這個動作，以下是增加難度的方法：

- 將你的腳放在板凳上。
- 把腳放在 BOSU® 球或瑜伽球上。
- 穿上負重背心。

- 當你的胸部接觸體操環，在動作最高點撐個 2-3 秒鐘。這真的很難，如果你能做到 3-4 組，每組 8-10 下，你將會訓練出相當強大的背部肌力。

享受這個動作吧。這比你想像的要困難得多，也提供給你一個跟平常划船動作不一樣的變化。

站姿單臂滑輪划船

站姿單臂滑輪划船是一個很棒的動作，可以鍛鍊背闊肌和上背。如果你有肩部問題，這是一個特別好的動作，有許多肩膀疼痛的訓練者發現他們可以在無痛的情況下完成這個動作。如果你的肩膀不太舒服，而且做這個動作還是會痛，那麼你的肩膀可能真的壞掉了！你最好找出問題的原因，並盡快解決。

要做這個動作，請先將 D 型握把裝在可調整的滑輪機，設置為肩膀高度，並按照以下步驟進行：

- 用左手握住握把。
- 從滑輪機往回走，走到雙臂伸直的位置。
- 挺胸抬頭，肩膀往後往下，腹肌穩固好，臀部繃緊。
- 把左手往你的身體划，划到稍低於你胸部的位置。
- 回到起始位置，重複做幾次，然後換另一隻手。

如果你將 D 型握把拉到你的下胸位置，停留個 2 拍，這樣的訓練非常有效。試著保持良好的姿勢，做划船動作時避免利用身體的動能拉動重量，要使用你的背闊肌和上背肌肉。要讓這個動作效果再好些，就使用 10-12 下這種高反覆次數。

用划船練出更大、更強壯的背

無論你選擇哪種划船動作，都有助於為你的主要複合式動作建立更大、更強壯的背部，尤其是硬舉。沒有強壯的背部，你就永遠會做不好硬舉的鎖死動作。

讓我們繼續來看看你最棒的垂直拉動作選擇。

垂直拉動作

說到垂直拉動作，你有兩個主要的選擇：引體向上，以及下拉。

引體向上

引體向上是上肢拉動作的王者，儘管很多健身狂聲稱可以 1 次拉上至少 15 下，但多數人的動作差到令人覺得可悲，實在算不上是在做引體向上。

你應該練習正確的引體向上。

你可以使用旋前握法、中立握法或手掌朝向自己的旋後握法。有些人把旋後握法稱為反手引體向上，但我們全部稱為引體向上變化，沒必要把事情複雜化。

對於使用中立和旋後握法引體向上時，要用全握，以旋前握法做引體向上時，則要使用無拇指握，這樣會強調背闊肌，並將重心微微從二頭肌轉移開。

以下是正確的引體向上方式：

- 握緊並擰緊桿子。
- 從懸吊開始做第 1 下，腳要懸空。
- 做引體向上，直腿或屈膝都可以，不管選擇哪一種姿勢，同一組動作中保持相同姿勢。嚴格的引體向上不允許擺盪身體。
- 腹肌、臀部、拳頭都要擰緊，抬升到你的下巴超過桿子。千萬別想把動作幅度縮到比這個距離短。
- 回起始位置，往下降到手臂伸直，感覺背闊肌伸展。重複動作。

現在你知道要如何正確做引體向上，以下是一些負重引體向上的方法：

- 使用負重腰帶 (dipping belt)。
- 使用負重背心。
- 在腳上懸掛一個壺鈴。你需要用直腿姿勢才能做到這一點。
- 把槓片掛在你的大腿之間，雙腿擰擠，以防槓片掉到地板上。
- 用掛在鐵鏈上的負重腰帶。這樣會讓引體向上動作在最高點時更重，在起始端更輕。

儘管引體向上非常有效，但你還是會遇到一些常見的問題。以下是一些可能出現的問題，以及如何克服它們的建議：

你太重了，連一下引體向上都做不了。

如果你的體重（或目前拉力不足）讓你無法做到引體向上 1 下，可用彈力帶來減輕體重。要做到這點，將彈力帶繞在引體向上槓的頂部，然後將彈力帶另一端套在腳掌（直腿式）或膝蓋下方（屈腿式）。

現在，就跟平常一樣來做引體向上吧。

隨著你變得更強壯，開始用較細的彈力帶。這將使你可以逐漸拉起更多的自體重量，最終你就能夠在沒有彈力帶的情況下完成引體向上。

你做引體向上時，手腕、手肘或肩膀會痛。

在引體向上時，如果手腕、手肘或肩膀感到痛楚，還是有可能讓你繼續無痛的做引體向上。以下是幾個最佳方案：

- 停止做旋後引體向上，這個握法對手肘實在不友善。
- 捨棄旋前引體向上，因為會對肩膀產生壓力，特別是用寬握做的時候。
- 所有引體向上動作都用中立握法，肩寬或略窄的握法對大多數的訓練者都有最佳效果。

如果你仍然感到疼痛，還有另一個選擇：改用體操環來做引體向上。要做這個動作，將體操環設置為與肩同寬，且不要想在拉的時候操控體操環。你會發現兩件事：

1. 比起固定的槓，要往上拉會更困難。這是由於體操環會移動，讓這個動作有些混亂的效果。

2.許多訓練者喜歡以中立握法來做，但他們發現自己拉的時候會自然變成旋後。不要跟這種自然動作對抗，正是因為這種自然的動作，使體操環更安全，對手腕、手肘和肩膀，都比用固定的槓做更安全。

如果你打算做很多引體向上，即使你現在可以不帶痛苦地用固定的槓做引體向上，體操環可能仍然是你最佳的選擇。畢竟舉重是一場馬拉松長跑而不是衝刺短跑，你會希望在提著重量的時候盡可能延長無痛的狀態。

引體向上雖然很好，但你還可以使用另一種垂直拉動作來鍛鍊背闊肌、上背、二頭肌、前臂和握力。

滑輪下拉

跟引體向上一樣，你可以使用多種握法來做下拉。無論你選擇使用旋前、旋後還是中立握法，都要嚴格握好。就像引體向上一樣，你也可以選擇窄握、正常握距或寬握。

以下是動作流程：

- 將器材設置好，讓墊子扣緊你的大腿。
- 握住手把，坐下。
- 從伸直雙臂開始動作，感受背闊肌的伸展。
- 將手把往下拉到觸到你的胸部，到達這個位置時，肩膀往後往下，試著重新做出你的臥推姿勢。
- 將手把回歸原位，反覆做幾次。

每次往下拉時，要盡可能撐緊手把，保持下背弓起，胸部向外推出。

背部訓練輔助動作

訓練背部的選擇很多,沒有理由讓你的進步停止。無論是身體或心理,你永遠不應該對訓練背部感到無聊。如果你感到疲憊或疲倦,花 1 週做些輕鬆的,或是休息 1 週,然後回到健身房,選擇 1 組不同的背部動作,做幾週。

以下是訓練背部的 5 個重點提點:

- 比起上肢推,多做一點上肢拉,這對你的肩部健康和身體平衡比較好。如果你在 1 個訓練週做了 100 次推的動作,至少要做 100 次拉動作,像是划船、引體向上或是滑輪下拉。
- 動作姿勢要嚴格,保持繃緊、用力撐緊槓,整個動作幅度都要做到。

- 做任何上肢拉動作，做 3-4 組，每組 5-12 下，除非你決定使用特殊訓練法，像是階梯式訓練法。
- 你可以每 1 組都用同樣的重量，或是逐步加重。如果你使用後面的選項，最後 1 組會是你的「紅利組」，會提供最大的肌力和肌肉增益。
- 把上肢拉的動作接在深蹲、硬舉、臥推、抓舉、上膊等等多肌群複合式肌力訓練動作之後。

最後，你必須清楚知道，上肢推動作該放在每週訓練計畫的哪裡。好消息是，你選擇很多，壞消息是，選擇太多常常讓人困惑。

以下是一些例子：

每週 2 次訓練

第 1 日：深蹲、臥推、體操環引體向上

第 2 日：硬舉、過頭推舉、單臂啞鈴划船

或是

第 1 日：深蹲、臥推、硬舉

第 2 日：鐵錘力量划船、中立握法引體向上、低滑輪坐姿划船

每週 3 次訓練（這是我的課表）

第 1 日：臥推、側平舉、俯身側平舉

第 2 日：深蹲、硬舉，加上自選 2 個划船動作跟一個垂直拉動作。

第 3 日：體能訓練、腹部、握力訓練

或是

第 1 日：深蹲、臀膕挺身、啞鈴側屈體

第 2 日：臥推、臥推板輔助臥推（Board Press）、寬握引體向上、單臂
啞鈴划船

第 3 日：硬舉，彈力帶腿部彎舉，拖雪橇

一週 4 次訓練

第 1 日：上肢

第 2 日：下肢

第 3 日：上肢

第 4 日：下肢

就這樣的訓練分配，你的上肢拉動作應該在第 1 日和第 3 日完成。
第 1 日，做引體向上或下拉變化動作，第 3 日做些划船動作。

如你所見，選項很多，都沒有對錯，排課表時，合理安排就可以了。

我們列出了幾種排課表時的上肢拉動作的選擇。稍微思考一下，你就
可以想出一千個以上的選擇。不過，你只需要一個有效的計畫。

不管你怎麼鍛鍊，每個訓練週至少要做 1 次垂直拉和 1 次水平拉動
作。上肢拉動作的次數要比推動作多，當你對某個動作感到無聊或是
進步停滯，就可以換新的動作來練。唯一確定的事情是，隨著時間推
進，你必須努力增加重量、反覆次數或是組數。畢竟，這是我們變得
更強壯的方式。

臥推的輔助訓練動作

 臥推輔助訓練動作，應該練到三頭肌、肩膀和胸肌。

先從最簡單的部位開始，也就是胸肌。以輔助訓練動作來練胸肌，不是必要選擇。如果你平常做很多臥推，就不一定要練胸肌。事實上，胸肌輔助訓練的重點比較是恢復，而不是建構肌力。

每週可以做 2-4 組高反覆次數的啞鈴或機器式飛鳥。用低重量做每組 15-25 下，如果這樣做會讓你的胸肌感覺更好，並且加速你的恢復，那就加入你的訓練課表吧。如果沒有，就不用費心練了。

現在，讓我們繼續討論，你一定要為你的肩膀和三頭肌做的事。

做完臥推，接著鍛鍊三頭肌，可使用各種延伸動作，如法式推舉（skull curshers）、泰特推舉（Tate press）和下推，可選擇的動作無窮無盡。

這些動作唯一的問題，對許多訓練者來說，是可能造成肘部疼痛。這也許不會馬上發生，但可能在數個月或數年的積極鍛鍊下慢慢出現。

疼痛是你身體喊停的方式！

那麼，這是不是意味著你不應該做任何直接針對三頭肌的訓練？並不是完全如此。讓我解釋一下。

對於某些訓練者來說，伸展動作不會造成肘部疼痛。這些舉重者通常手臂較短，天生適合臥推。如果你是這種人，那麼在做 3-4 組 8-12 下臥推後，就可以去做三頭肌的動作。

你可以從以下動作中選擇：

- 用直槓或 EZ 槓，在放平、下斜或上斜的板凳上做法式推舉。
- 用手肘打開的姿勢做泰特推舉。
- 以直槓、V 槓或繩索握把做三頭肌下拉。

「可是，如果伸展動作引起疼痛該怎麼辦？」「別擔心，幫手就在旁邊。做鐵鏈三頭肌伸展、彈力帶下拉和彈力帶過頭伸展。」

彈力帶和鐵鏈讓上半部動作比下半部更難。彈力帶和鐵鏈對三頭肌訓練有很大的好處，它們減輕了下半部動作對手肘的壓力，這是動作中時常會出現問題的部分。它們讓上半部動作超負荷，這也是三頭肌在板凳上那些訓練中最為辛苦的地方。完美。

做鐵鏈三頭肌伸展，只需將 D 型手把接到兩條鐵鏈上，躺在板凳上，像做法式推舉一樣做伸展運動，做 3-4 組，每組 8-15 次。

做彈力帶下拉，只需將彈力帶繞在像深蹲架這樣穩固的物體上面，然後像是用 V 槓或繩把一樣下拉。做 3-4 組，每組 10-20 次。

做彈力帶伸展，裝備設置就跟下拉一樣，這個動作要背對裝設彈力帶設備，然後在頭上方的位置做伸展動作，做 3-4 組，每組 10-15 次。

最後，讓我們來談談肩膀的輔助動作。

我喜歡在每週的訓練加入 1 個過頭推舉動作來訓練肩膀。可能是軍事推舉、坐姿槓鈴推舉、坐姿或站姿啞鈴推舉。這些推舉動作你可以使用大重量，但是每組不要低於 6 次。將低反覆的訓練留給健力三項。

做完大重量過頭推舉後，做 3 組側平舉和啞鈴側屈體，最好是做每組 10-15 次。所有輔助動作至少要保留 1-2 下的餘力，不要推到失敗。

壺鈴繞頸

P 唐尼和許多人已經把壺鈴繞頸加到他們的訓練工具箱,從此享受更健康的肩膀。抓住壺鈴的 2 個角,倒過來拿,然後緩慢繞著你的頭部移動。逐漸縮小繞圈範圍。保持肩膀往下,臀部繃緊(像是要夾住一枚硬幣)以保護背部。

做深蹲和臥推之前,可以做這個動作幾組,每組 5 下來當作熱身。

壺鈴十字固定

強壯訓練者的手腕、手肘和肩膀在大重量深蹲時會受到衝擊,這並不是什麼祕密。因此,臥推會受到影響。有時是神經遭到擠壓,會影響握力……然後硬舉也會受到影響。

做壺鈴十字固定能夠大舉強化你胸椎和肩胛骨的活動度,並且伸展你的胸肌和背闊肌,這樣一來,完成深蹲動作後,把重量放回架上時,會更舒服些。

先做右手。朝右側橫躺,肋骨旁邊放 1 個輕壺鈴。右手抓住握把,左手疊在右手上,左手拇指不握握把。

盡可能讓壺鈴靠近身體,翻身至面朝上,雙手呈手槍握法,將壺鈴拉到肋骨底部。

接著左手放開，右手用
地板臥推的姿勢把壺鈴
往上推。

左臂往頭部上方伸展，
平貼地板。如果你站
著，這個動作會是高舉
過頭動作的鎖死位置。

以用力握緊把手，保持
手腕伸直，像是要揮拳
一樣。

用左手臂跟左腿當作旋轉軸，拿著壺鈴的右臂保持伸直，將右膝蓋往胸部拉，然後往左邊滾。

左肩膀屈曲，你需要讓你伸直的手臂在地上「蠕動」，然後脖子放鬆，你的頭就枕在你的左二頭肌上或附近，不要看壺鈴。

右腿伸直平貼在地，雙腳寬度要大於肩膀寬度，膝蓋保持伸直，腳趾朝後。

開始有節奏的收縮你的右側臀肌，試著將右側髖關節往地板帶，大約每 2 秒做 1 下。臀部的動作跟揮拳或投擲時類似。這種臀部伸展也會將右側胸部拉向地面，從而將它和靜止的壺鈴拉開。

動作期間，始終保持雙肩塞緊肩關節窩，遠離耳朵。視覺上會是「拉長鎖骨」，同時撐緊你的肩胛骨來幫助伸展。

做幾次反覆後，減小伸展幅度，並讓你的左手臂做更多肩部屈曲。非常靈活的人會發現他們的頭靠在地上。

做這個訓練，要控制好力量來增加你的動作幅度；不要無意識地前後擺動。

要切換到另一邊，先執行半個十字固定動作，或者坐起來然後旋轉身體。不要讓壺鈴越過你的胸部或臉。

做十字固定動作時，至少在一開始，旁邊要有一個保護員，他應該坐在你右邊的地上，做好隨時接住壺鈴的準備，以防你沒控制好。

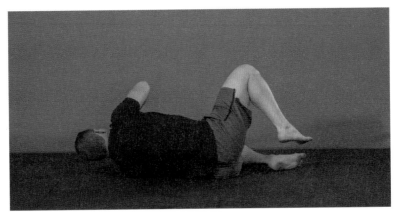

進階的每週課表安排

A 人們總是對我的訓練感到驚訝，因為我的訓練安排和整個訓練方法跟其他健力選手的訓練大不相同。

但是，我仍堅持我的訓練方式，因為這可以帶來成果！如果你把我最佳的深蹲和我最佳的硬舉加在一起，我仍然沒有什麼敵手，1,214 磅（551 公斤）和 1,008 磅（457 公斤）。數字不會說謊，就這樣。

很明顯，過去 20 年我做對了很多事情。事實是，我也獲得了這些成果，且比起我的競爭對手，我訓練的時間少得多。

湯瑪斯・庫爾茲 (Thomas Kurz) 寫了一本很棒的運動科學訓練教科書，在封面上，他寫了一句話：

「如果在花費最少的時間和精力下取得最高的運動成績，那麼訓練就是有效率的。」

基於這個定義，我的訓練風格對我來說就是效率的化身。

這是我生涯中大多時間的訓練方式：

週一：臥推和後三角肌

週三：深蹲、硬舉、腿推

週四：有氧、上背、背闊肌、肩膀、二頭肌

週六：握力、核心、壺鈴擺盪、腿部彎舉

週一的訓練很好解釋。

臥推一直是我最弱的動作，因此我會在 1 週的開始先訓練臥推，那時我最有精力。由於我做了很多推舉訓練，後三角肌與前三角肌和側三角肌相比訓練不足，所以在這天訓練。

臥推（通常無裝跟有裝都會練）之後，我的油箱就差不多空了，所以做 3-5 組後三角肌訓練是結束訓練的好方法。而且這不是為了訓練而訓練，是為了平衡和預防受傷而練。

我選擇的後三角肌運動通常是屈身側平舉或者彈力帶後拉。每組的反覆次數通常較高，範圍在 10-15 次之間。

週三的訓練是一週當中最辛苦的。

我在同一天練深蹲和硬舉，因為這就是我在比賽中競技的方式。我會按照賽場上的狀況訓練。

藉由先深蹲再練硬舉，我避免在拉動作上得到一種錯誤的肌力感。我看過許多訓練者在比賽中高估了他們拉的肌力，因為他們從未感受過在深蹲之後要拉起大重量的感覺。對這樣的訓練者來說，現實可能像是一個棘手的小三。

許多教練對腿推十分反感，他們宣稱此動作並不具「功能性」且對於下背很危險。這裡，我想跟他們說的是：

腿推對我來說只是一個輔助動作，有助於我的腿部發展。做完深蹲和硬舉後，我沒有再做另一個高協同性自由重量動作的渴望或需求。

為了做腿推時確保下背部安全，我總是「把自己往下拉進座位」，而不是讓我的下背在動作的最底部離開座墊。核心全程都保持繃緊。

3-5 組，每組 10-12 次，這個動作就做完了。

深蹲和硬舉會建構我的極限肌力，腿推則會增加我的腿部肌肉量。我不做像是背部伸展等任何直接鍛鍊下背的動作，因為我的下背本來就很強壯。

週四是這週第 1 次也是做主要輔助動作的日子。

我週四的訓練更像是健美選手的課表，由每個動作 2-4 組，每組 8-12 下組成。我在週四訓練背部，因為這樣我在下次做大重量硬舉訓練之前，會有 6 天的恢復期。

其他健力選手不會用這種角度來看帶訓練課表，但這是我看待事情的方式，而且對我來說非常有效。

對我來說，通常週四課表是這樣的：

- 15 分鐘有氧運動：跑步機或橢圓機。
- 鐵鎚力量划船：每邊做 3-4 組，每組 5-8 次，我會做很猛。
- 下拉：3-4 組，每組 10 下，每組保留 2 下的餘力。
- 直臂背闊肌下拉：3 組 12 次反覆，用適中的重量，只是為了累積訓練次數。
- 槓鈴聳肩：3 組，每組 3-6 下，這比較考驗握力，因為我沒有用助握帶。
- 軍事肩推：4 組。每組 10 下，我會很猛很猛地推。
- 彎舉：2 組，每組 10 下，輕鬆做。

這些通常都能在 1 個小時內完成。我會在覺得有需要時隨時更改訓練課表。週四會做些需要比較認真的訓練，但同時也是玩得很開心的時段。我不會去計畫我背部運動的週期，我只是努力地訓練它們，看看那天我能做到什麼程度。

關於週四還有最後一點：你會注意到我從有氧開始。我這樣做是因為我相信這對我的健康有益。

近年來，恆速有氧訓練 (steady-state cardio) 受到肌力教練的抨擊，他們宣稱這會讓人變得虛弱。如果輕度有氧運動影響了訓練者的肌力，那這個運動員就存在嚴重的問題。我就這樣說吧，有氧運動的問題取決於你，不過你要小心決定要聽誰的建議。即使是力量型運動員，我也建議每週要做幾次輕度有氧運動。

當我說「有氧運動」，步行 20 分鐘也算！另一方面，如果你開始每週跑 5 次 10 公里，那你就搞錯重點了。

週六是所有小事情的時間

週六我會用簡單的運動來補強弱點。我會快速訓練，1 小時內完成。

典型的訓練過程會像下列課表：

- 腿部彎舉：3 組 10 下
- 腿推：2 組 20 下
- 壺鈴擺盪：2 組 10 下
- 平板式：3 組 10 秒
- 粗槓支撐：3 組 5 次

就這樣，我就是這樣訓練的。

近年來，許多人指責我在訓練上沒有 100％ 誠實，宣稱我有一些不願意分享的祕密。對於這些人，我提出一個挑戰：和我一起訓練，你就會發現我分享給你的正是我做的事情。我保證。

進一步說明課表設計，尤其是週六

在週六做輕度的下肢訓練，讓我發現我在週三的表現比純休息不做更多下肢訓練的情況要更好。

我會做大量的腿推和腿部彎舉，來增強肌腱和韌帶的力量。在《超級訓練》一書中，梅爾·西夫解釋了低反覆次數是怎麼樣增加肌力，但肌腱和韌帶通常沒有類似的力量提升訓練。

這可能會導致受傷。

你可以透過更高的反覆次數，10-30 次，用中等重量（最大重量的 25-40％），建立起肌腱和韌帶的強度。這樣的訓練不會浪費你太多力氣，是種增加優勢的明智方式。

此外，高反覆次數的肌肥大動作訓練有助於治療，且對恢復有好處。

握力訓練放在週六，這是因為一旦我拉了超過 950 磅（431 公斤），就會有握力問題。粗槓訓練和握力訓練對我非常有幫助……且讓我最後能夠拉起 1,008 磅（457 公斤）。

如果說有一個充滿誤解的肌力訓練領域，那就是如何為硬舉取得更大的握力這個議題。一百個頂尖選手，會給你一百種不同的建議，你必須實驗，並找出對你有效的方法。

最後，核心訓練放在週六，這是因為如果沒有堅實的核心，你就不是真正的強壯。每一個出色的訓練者都知道，保持繃緊是產生力量的關鍵，最終也是強壯的關鍵。為了讓自己能夠徹底繃緊，你必須努力收緊核心。

核心肌肉越強壯，你越是能夠繃緊收緊，就能傳播更多力量傳播到你
身體的其他部位。

快速提示：在每個動作的每 1 組，都繃緊腹肌和背闊肌，手盡可能撐
緊。你會立刻變得更強壯。試試看，你會相信的。

此外，每次肌力訓練一開始，都先做 1 組 12 下的臀橋式和 1 次 10
秒平板式。嘗試 1 週看看會發生什麼事，你會變得更強壯。幾乎每個
人的臀部死氣沉沉，核心也很弱。

願你的爆炸式硬舉強而有力！

硬舉是肌力訓練的王者。如果在閱讀本書之前還不太清楚這點，在你讀到這裡時，應該就會明白了。

硬舉幾乎涵蓋了身體的每個肌群，並且能建構如鋼鐵般強健的手。與奧林匹克舉重相比，硬舉更容易學習……而且可以舉起更多重量。

對於全身肌力來說，臥推無法與之比擬。

確實，如果你這輩子只做一項訓練，不管你是想建構肌力、肌肉、提升運動表現，或是以上皆是，硬舉就是你最佳的選擇。

無論你目前狀況為何，要記得**技術**始終是首要，也是最重要。

簡單來說，技術越好，收穫就越快，受傷的風險也越低。我相信你也會同意，這是一個勝利的組合。

我們對你的挑戰，是藉由這本書中的資訊來掌握你的硬舉技巧，從而提升你的肌力。無論你是嘗試第一次自身體重硬舉，還是 3.5 倍體重硬舉，只要你運用本書提供的資訊，最終都會達成目標。

我們很樂意聽取你們的成功故事、意見、問題及建議，請將它們寄至 andybolton8@hotmail.co.uk。

保持強壯，

安迪和**帕維爾**

參考資料

❶ 最大肌力常見於 50-75% 的肺活量之間 (Seropegin, 1972)，75%則是特別發生於硬舉 (Seropegin, 1965)。

❷ 佛科軒斯基 (Verkhoshansky, 1977)。

❸ 朱可夫 (Zhekov, 1976)。

❹ 沃羅比耶夫 (Vorobyev, 1972)。

❺ 范寇茨姆與杜沙托 (Van Cutsem & Duchateau, 2005)。

❻ 索科洛夫 (Sokolov, 1967)。

❼ 康利等 (1997)。

❽ 托契洛夫 (1946)，科西洛夫 (1948)，溫諾格拉多夫 (1951)。

❾ 如果你是一位想知道為何我們建議在捲腹時保持雙腿打直的肌力專家，請參照梅爾·西夫的《健康事實與謬誤，第六版》 (Facts and Fallacies of Fitness, 6th edition, 2003)，以及《肌肉，測試和功能與姿勢及疼痛，第五版》 (Muscles, Testing and Function with Posture and Pain, 5th edition) (Kendall, McCreary, Provance, Rodgers & Romani, 2005)。

❿ 克雷斯威爾等 (1994)。

<u>致謝</u>

作者們誠摯地感謝以下對本文給予建議的個人：

史提夫・佛雷迪斯（Steve Freides）

麥克・哈特爾醫生

傑德・強森

艾略特・紐曼（Elliot Newman）

傑克・瑞普

馬克・瑞福凱德

麥克・羅伯森（Mike Robertson）

吉姆・史密斯

法比歐・左寧（Fabio Zonin）

附加照片授權：

伸展照片：麥克・哈特爾博士提供

安迪・波頓比賽照片：由安迪・波頓及 WPO 提供

艾德・科恩的照片：由《美國健力》提供

傑森・馬修抬起「汀尼巨石」照片：由埃爾琳達・哥梅茲 (Erlinda "Erly" Gomez) 提供

安迪和帕維爾在波士頓麥克・派瑞的肌力技術講座的照片：由 StrongFirst Inc 提供

舉重台與槓片的照片：由大衛・史托科提供

帕維爾完成全接觸扭轉的照片：由加拿大滑鐵盧大學斯圖亞特・麥吉爾脊椎生物力學實驗室提供

STRENGTH & CONDITIONING 009

硬舉教科書：精通肌力訓練之王的知識、方法和奧義
Deadlift Dynamite: How to Master the King of All Strength Exercises

作　　者	安迪・波頓（Andy Bolton）
	帕維爾・塔索林（Pavel Tsatsouline）
譯　　者	威治
審　　定	王啟安

堡壘文化有限公司

總 編 輯	簡欣彥
副總編輯	簡伯儒
責任編輯	郭純靜
文字協力	翁蓓玉
行銷企劃	許凱棣、游佳霓
封面設計	倪旻鋒
內頁構成	劉孟宗

出　　版	堡壘文化有限公司
發　　行	遠足文化事業股份有限公司（讀書共和國出版集團）
	地址　231 新北市新店區民權路 108-2 號 9 樓
	電話　02-22181417　傳真　02-22188057
	Email　service@bookrep.com.tw
	郵撥帳號　19504465 遠足文化事業股份有限公司
	客服專線　0800-221-029
	網址　http://www.bookrep.com.tw
法律顧問	華洋法律事務所　蘇文生律師
印　　製	凱林彩印有限公司

初版 1 刷	2023 年 7 月
初版 2 刷	2024 年 5 月
定　　價	650 元
ISBN	978-626-7240-71-7
	978-626-7240-72-4（PDF）
	978-626-7240-73-1（EPUB）

國家圖書館出版品預行編目資料

硬舉教科書：精通肌力訓練之王的知識、方法和奧義／安迪・
波頓 (Andy Bolton)，帕維爾・塔索林（Pavel Tsatsouline）著；
威治譯．初版．新北市：堡壘文化有限公司出版：遠足文化
事業股份有限公司發行，2023.07
256 面；19x26 公分．（Strength & conditioning；9）
譯自：Deadlift dynamite : how to master the king of all
strength exercises
ISBN 978-626-7240-71-7(平裝)
1.CST: 舉重 2.CST: 健身運動 3.CST: 肌肉

528.949　　　　　　　　　　　　　　　　112008521